Vente du 18 au 20 Février 1892

(SALLES SILVESTRE)

CATALOGUE

DE

LIVRES ANCIENS

ET MODERNES

COMPOSANT

LA BIBLIOTHÈQUE DU BARON DE ***

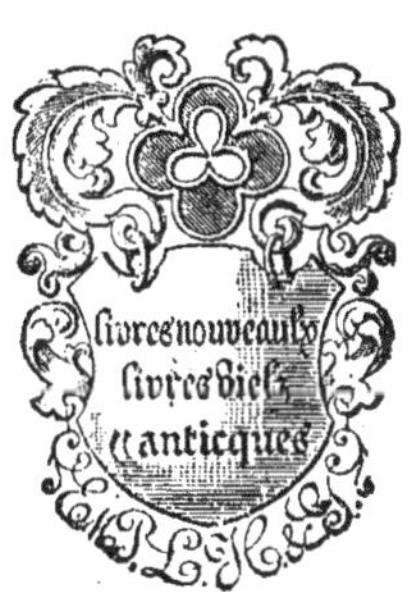

PARIS

ÉM. PAUL, L. HUARD ET GUILLEMIN

LIBRAIRES DE LA BIBLIOTHÈQUE NATIONALE

SUCCESSEURS DE MM. LABITTE, ÉM. PAUL ET Cie

28, RUE DES BONS-ENFANTS, 28

1892

ÉM. PAUL, L. HUARD ET GUILLEMIN

LIBRAIRES DE LA BIBLIOTHÈQUE NATIONALE

28, RUE DES BONS-ENFANTS, 28

VIENT DE PARAITRE :

LA PREMIÈRE JEUNESSE

DE

MARIE STUART

PAR LE

BARON ALPHONSE DE RUBLE

In-8° de 320 pp. broché . . . . **7 fr. 50**

La vie de Marie Stuart a été l'objet, dans ces dernières années, d'études approfondies qui ont réduit à néant la plupart des accusations portées contre cette princesse. Mais sa première jeunesse, les belles années qu'elle passa à la cour de France comme dauphine et comme reine, n'avaient été l'objet d'aucune recherche. M. le Baron de Ruble vient de combler cette lacune. Il la représente d'abord jeune fille, étudiant les sciences les plus diverses et complétant son instruction avec les enfants de Henri II, puis dauphine, charmant le roi et les courtisans, l'ornement de la cour la plus brillante qui fut jamais, puis enfin reine de France pendant le règne gros d'orages du faible François II. Le volume s'arrête à la date où la reine d'Ecosse quitte pour toujours sa patrie adoptive. Un grand nombre de documents nouveaux ont été mis en œuvre dans cette étude sur le jeune âge et l'éducation de la princesse et des enfants de France, sur leurs plaisirs et leurs jeux, sur les dispositions naturelles des princes qui porteront plus tard les noms de François II, de Charles IX et de Henri III.

Imprimée avec le plus grand luxe et destinée seulement aux curieux de l'histoire du XVIe siècle, *La Première Jeunesse de Marie Stuart* n'a été tirée qu'à 170 exemplaires.

HISTOIRE DE LA CHASSE

EN FRANCE

DEPUIS LES TEMPS LES PLUS RECULÉS JUSQU'A LA RÉVOLUTION

PAR

Le Baron DUNOYER DE NOIRMONT

3 vol. in-8°, brochés . . . . **30** fr.
Le même ouvrage sur PAPIER VERGÉ (*tiré à 20 exemplaires*). . . . . **45** fr.

Tome I. — *Chroniques de la Chasse.*
Tome II. — *Droit de chasse, Gibier, Chiens, Vénerie.*
Tome III. — *Louveterie, Fauconnerie, Chasse à tir, Chasses diverses.*

Cet ouvrage contient, dans ses pièces justificatives, plusieurs documents inédits, entre autres des extraits assez étendus des registres de Louis XV, qui ont péri dans l'incendie de la Bibliothèque du Louvre en 1871.

Paris. — Typ. Chamerot et Renouard, 19, rue des Saints-Pères. — 28311

LA VENTE AURA LIEU

Du Jeudi 18 au Samedi 20 Février 1892

A HUIT HEURES PRÉCISES DU SOIR

Dans les Salles de Ventes aux Enchères

DE LA LIBRAIRIE ÉM. PAUL, L. HUARD & GUILLEMIN

28, rue des Bons-Enfants (Anciennes Maisons Silvestre et Labitte)

SALLE N° 1

Par le Ministère de Me **MAURICE DELESTRE,** Commissaire-Priseur

27, RUE DROUOT

Assisté de **MM. ÉM. PAUL, L. HUARD & GUILLEMIN**

LIBRAIRES-EXPERTS

28, RUE DES BONS-ENFANTS

ORDRE DES VACATIONS

					Numéros
PREMIÈRE VACATION.	— *Jeudi*	*18*	*Février*	*1892* .	103 à 269
DEUXIÈME VACATION.	— *Vendredi*	*19*	—	—	270 à 432
TROISIÈME VACATION.	— *Samedi*	*20*	—	—	1 à 102

Livres en Lots

CONDITIONS DE LA VENTE

La vente se fait expressément au comptant.

Les acquéreurs payeront 5 p. 100 en sus des enchères, applicables aux frais.

Il y aura exposition chaque jour de vente, de 2 à 4 heures.

Les livres devront être collationnés dans les vingt-quatre heures de l'adjudication. Passé ce délai, ou une fois sortis de la salle de vente, ils ne seront repris pour aucune cause.

Les Libraires, chargés de la vente, rempliront les commissions des personnes qui ne pourraient y assister.

CATALOGUE

DE

LIVRES ANCIENS

ET MODERNES

COMPOSANT

LA BIBLIOTHÈQUE DU BARON DE ***

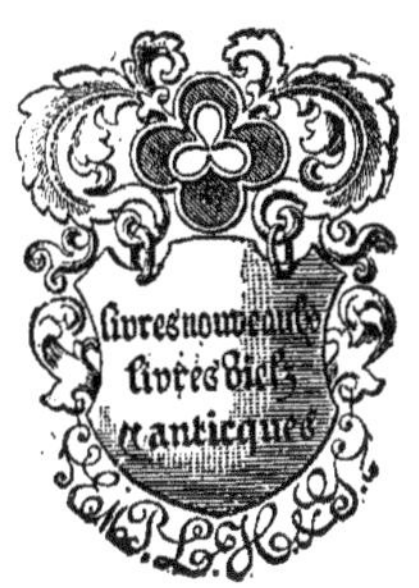

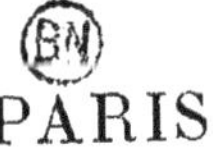

PARIS

ÉM. PAUL, L. HUARD ET GUILLEMIN

LIBRAIRES DE LA BIBLIOTHÈQUE NATIONALE

SUCCESSEURS DE MM. LABITTE, ÉM. PAUL ET Cie

28, RUE DES BONS-ENFANTS, 28

—

1892

CATALOGUE

DE

LIVRES ANCIENS

ET MODERNES

COMPOSANT

LA BIBLIOTHÈQUE DU BARON DE ***

THÉOLOGIE

1. La Sainte-Bible, traduite sur la Vulgate par le Maistre de Saci. *Paris, Desprez*, 1730, 2 tomes en 6 vol. in-4, fig. de Demarne avec encadrements variés, v. ant. marb. tr. dor.

   Exemplaire fatigué, mouillures et taches.

2. Liber Psalterium..... Pet. in-8, v. brun ant. comp. dor. tr. dor. et ciselée.

   MANUSCRIT DU XIVe SIÈCLE sur papier, composé de 88 ff. — Rubriques en couleur.

3. Novum Jesu Christi Testamentum, Vulgatæ editionis. Sixti v. Pont. Max. jussu recognitum, atque editum. *Parisiis, e typographia regia*, 1649, in-12, front. vign. mar. r. dos orné, fil. tr. dor. (*Rel. anc.*)

4. Le Nouveau Testament en latin et en français traduit par Sacy. Edition ornée de figures gravées sur les dessins de Moreau le jeune. *Paris, Didot jeune*, 1793, 4 vol. in-8, front. fig. cart. non rog.

5. HORÆ BEATÆ MARIÆ VIRGINIS... in-8, reliure en velours r.

   MANUSCRIT DE LA FIN DU XVe SIÈCLE SUR VÉLIN, composé de 148 ff. : il est orné de DIX-HUIT GRANDES ET DE VINGT-SEPT PETITES MINIATURES, avec un grand nombre de lettres initiales peintes en or et couleurs ; les marges extérieures sont décorées d'arabesques de fleurs, de fruits et d'animaux grotesques et les pages contenant les miniatures sont complètement encadrées.

   Le calendrier est incomplet des mois de janvier et de février, il est en français et est écrit en carmin et en bleu.

   On a ajouté en tête de cet exemplaire le titre d'un livre du XVIIIe siècle gravé par Gaspar Isaac : *L'Office de la Vierge Marie pour tous les temps de l'année, composé par le R. P. Coton* ; ce titre est tiré sur VÉLIN et est enluminé en or et couleur.

6. HORE BEATE MARIE VIRGINIS. *S. l. n. d.* pet. in-8, v. rac. dent.

   MANUSCRIT DU XVe SIÈCLE SUR VÉLIN, composé de 124 ff. et orné de 12 grandes initiales en couleur sur fond d'or, avec encadrements des pages.

7. Ces présentes heures a lusaige de Rõme furẽt achevez || *Lan mil cccc iiii. xx et x viii jour de Aoust || pour Symõ Vostre libraire demourãt a Paris a la rue || neuve Nostre-Dame a lenseigne Sainct Jehan levangeliste* (1498). In-8, goth.fig. bas.

Exemplaire sur PEAU DE VÉLIN composé de 57 ff. non ch. orné de 16 grandes planches sur bois; bordures autour des pages. Sur le titre la marque et le nom de Pigouchet, almanach pour 21 ans.
Cet exemplaire est incomplet des ff. Ci et Civ et Iiij et Hiij.

8. Heures a l'usage de Rome. (A la fin :) *Ces présentes heures a lusage de Rõme furent achevées le xx ii jour Daoust mil cinq cens et six pour Anthoine Verard libraire,* (1506), in-8, car. goth. pl. v. brun, comp. à fr.

Exemplaire sur PEAU DE VÉLIN composé de 125 ff., orné de 18 grandes planches sur bois, et de 29 petites vignettes enluminées.

9. Hore beate Marie Virginis secundum usum Romanum. (A la fin :) *Ces présentes heures à lusaige de Rõme tout au long sans rien requerir ont esté nouvellement imprimées à Paris par Germain Hardouyn libraire juré de Luniversité de Paris demourãt audit lieu entre les deux portes du palays a lenseigne saincte Marguerite.* S. *d.* in-16, goth. mar. La Vall. comp. à fr. tr. dor.

Exemplaire sur PEAU DE VELIN composé de 112 ff. orné de 14 figures peintes en or et en couleur; almanach pour 16 ans de 1531 à 1546.

10. Heures en françoys et latin à l'usage de Rome, corrigées et augmentées de plusieurs suffrages et oraisons. Avec figures nouvelle. *Lyon, Macé* 1558, in-8, texte encadr. et pl. gr. sur bois, comp. dor. tr. dor. (*Rel. anc. fat.*)

Mouillures et cassures.

11. Officium Sancti Jacobi apostoli. *S. l. n. d.* in-8, vél.

Manuscrit du xviiie siècle sur vélin, contenant 59 ff. et accompagné de musique notée, il est signé au dernier f. de *P. Bourguet scrip.*

12. Office de Saint Jacques le Majeur, apostre. Nouvellement dressé pour l'Eglise paroissiale de Saint-Jacques de la Boucherie. Selon le bréviaire de Paris, *Paris, de Hansy,* 1760, in-12 à 2 col. portr. mar. r. dos orné, dent. sur les plats, tr. dor. étui. (*Rel. anc.*)

Jolie reliure de Derome.

13. Heures imprimées par l'ordre de Monseigneur l'archevêque de Paris, à l'usage de son diocèse, *Paris, aux dépens des libraires associés pour les usages du diocèse,* 1736, in-8, mar. r. dos orné, dent. tr. dor. (*Rel. anc.*)

14. L'Office de la Semaine Sainte en latin et en françois à l'usage de Rome et de Paris. *Paris, Desprez,* 1752, in-8, mar. r. dos orné, riche dent. tr. dor.

Exemplaire aux armes de Madame Adélaide de France, fille ainée de Louis XV.

15. Démonstration de l'existence de Dieu, tirée de la connoissance de la Nature, et proportionnée à la foible intelligence des plus simples. (Par Fénélon). *Paris, Estienne,* 1713, in-12, bas.

Édition originale.

16. Pensées, fragments et lettres de Blaise Pascal, publiés par M. Prosper Faugère. *Paris, Andrieux,* 1844, 2 vol. in-8, portr. à la sanguine, demi-rel. chag. brun.

17. Le Tableau de la croix représenté dans les cérémonies de la Sainte-Messe ensemble le trésor de la dévotion aux souffrances de Notre S. J. C. le tout enrichi de belles figures. *A Paris, chez F. Mazot,* 1651, in-8, fig. mar. r. riches comp. dor. à petits fers, tr. dor. (*Rel. anc. fatiguée.*)

Ouvrage entièrement gravé.
Taches et cassures.

18. Orazioni christiane del rev. padre Giovanni Croiset, traduzione dal Francese di Selvagio Canturani. *Venezia,* 1784, in-12 à 2 col. fig. mar. r. comp. tr. dor. (*Rel. anc. fatiguée*).

Reliure italienne avec armoiries.

SCIENCES ET ARTS

19. De la Sagesse, trois livres par M. Pierre de Charron. *A Bourdeaus, Millanges,* 1601, in-8, front. gr. par L. Gaultier, v. f. ant.

Portrait de l'auteur ajouté.

20. L'An Deux Mille Quatre cent quarante. Rêve s'il en fut jamais ; suivi de l'Homme de fer, songe (par Séb. Mercier). *S. l.* (*Paris*), 1786, 3 vol. in-12, fig. v. ant. marb.

21. Recherches physiques sur le feu, par Marat. *Paris, Jombert,* 1780, in-8, pl. pliées, br.

22. L'Atmosphère, description des grands phénomènes de la nature, par Camille Flammarion. Ouvrage contenant 15 planches chromolithographiques et 228 gravures sur bois. *Paris, Hachette,* 1872, in-8, fig. demi-rel. chag. vert, tête r. ébarbé, couverture.

23. L'Histoire du monde de C. Pline Second, à quoy a esté adjousté un traité des poids et mesures des antiques, reduittes à la façon des François : par Anthoine du Pinet. *Paris, Blaise,* 1622, 2 tomes en 1 vol. in-fol. front. portr. v. brun ant.

Reliure fatiguée.
Mouillures.

24. Tableau de la nature, par Louis Figuier. *Paris Hachette,* 1866-1880, 10 vol. in-8, fig. cartes, demi-rel. chag. vert.

La Terre avant le déluge. — La Terre et les mers. — Histoire des plantes. — Zoophytes et mollusques. — Les Insectes. — Les Animaux articulés. — Les Oiseaux. — Les Mammifères. — L'Homme primitif. — Les Races humaines.

25. Le Dr Jonathan Franklin. La Vie des animaux, histoire naturelle, biographique et anecdotique des animaux. Ouvrage entièrement nouveau traduit de l'anglais par A. Esquiros. *Paris, Hachette, s. d.* 6 vol. in-12, demi-rel. chag. La Vall.

26. L'Esprit des bêtes. Le Monde des oiseaux, ornithologie passionnelle par A. Joussenel. *Paris, Dentu,* 1884, 3 vol. in-8, portr. fig. demi-rel. chag. vert.

27. L'Oiseau, par J. Michelet, illustré de 210 vignettes sur bois, dessinées par H. Giacomelli. *Paris, Hachette,* 1881, gr. in-8, fig. demi-rel. chag. bleu avec coins, dos orné, fil. tête dor. ébarbé.

28. G. de Cherville. Les Chiens et les chats d'Eugène Lambert, avec une lettre préface d'Alexandre Dumas. *Paris, Librairie de l'Art,* 1888, in-4, fig. et eaux-fortes, br.

29. Les Douze Livres de Lucius junius Moderatus Columella des choses rus-

ticques. Traduicts de latin en francoys, par feu maistre Claude Cotereau. *Paris, Keruer*, 1552, in-4, titre gr. sur bois, v. brun ant.

Cassure à la reliure.
Mouillures.

30. Théatre d'agriculture et mesnage des champs d'Olivier de Serres, seigneur du Pradel. *Paris, Métayer*, 1600, in-fol. titre et fig. gr. v. marb. fil.

ÉDITION ORIGINALE.
Mouillures et piqûres de vers.

31. Le Parfait mareschal qui enseigne à connoistre la beauté, la bonté, et les défauts des chevaux, divisé en deux parties par le sieur de Solleisel. *La Haye, Van Bulderen*, 1691, 2 tomes en 1 vol. in-4, front. fig. pl. pliées, v. ant. granit.

Mouillures.

---

32. Lettres sur l'Astronomie ou traité élémentaire et complet d'astronomie à la portée des gens du monde, par Albert-Montémont. *Paris, Ledoyen*, 2 tomes en 1 vol. in-8, pl. pliées, demi-rel. chag. vert.

33. Le Soleil. Exposé des principales découvertes modernes sur la structure de cet astre, son influence dans l'univers et ses relations avec les autres corps célestes, par le P. A. Secchi, S. J. *Paris, Gauthier-Villars*, 1870, in-8, fig. pl. pliées, demi-rel. chag. brun.

34. Camille Flammarion. Uranie; illustrations de Bieler, Gambard et Myrbach. *Paris, Marpon et Flammarion*, 1889, in-8, fig. br.

---

35. Nouvelle Magie blanche dévoilée, physique occulte et cours complet de prestidigitation par J.-N. Poussin. *Reims, Paris*, 1853, 2 tomes en 1 vol. in-8, demi-rel. chag. vert.

36. Eclaircissement des véritables quatrains de maistre Michel Nostradamus, grand astrologue de son temps, et spécialement pour la connaissance des choses futures (par E. Jaubert). *S.l.* 1656, pet. in-12, port. v. ant. granit.

Rare.

37. Opuscules de Mlle Le Normant. *Paris*, 1815-1833, 5 vol. in-8, fig. demi-rel. bas. brune.

Mélanges. — Les Souvenirs prophétiques d'une Sibylle. — Les Oracles sibyllins. — La Sibylle au congrès d'Aix-la-Chapelle. — Souvenirs de la Belgique.

---

38. La Faïence par Théodore Deck. — La Tapisserie par Eugène Müntz. — *Paris, Quantin, s. d.* — Ens. 2 vol. pet. in-8, fig. cart. perc. fers spéciaux.

De la bibliothèque de l'*Enseignement des Beaux-Arts*.

39. Ris-Paquot. La Céramique enseignée par la reproduction et la vue de ses différents produits. 46 planches, 106 sujets en couleurs, 353 vignettes et monogrammes. *Paris, Laurens*, 1888, in-8, fig. cart. non rog.

---

40. Le Chasseur au chien courant, par Elzéar Blaze, *Paris*, 1851, 2 vol. in-8, demi-rel. chag. vert.

41. Gyp. Les Chasseurs, dessins de Crafty. *Paris, Calmann-Lévy*, 1888, gr. in-8, fig. cart. non rog. couverture.

42. Uccelliera overo discorso della natura, e proprieta di diversi uccelli et in particolare di qué che cantano, con il modo diprendergli, conoscergli, allevargli, e mantenergli opera di Gio. Pietro Olina. *In Roma, A. Fei*, 1662, in-4, pl. gr. bas.

43. Les Quadrupèdes de la chasse : description, mœurs, acclimatation, chasse, par C. de Cherville. 30 eaux-fortes sur zinc en couleur, et 74 illustrations par Karl Bodmer. *Paris, Rothschild, s. d.* in-8. fig. cart. perc. fers spéciaux.

44. Ouvrages sur la chasse, 1853-1861. — Ens. 6 vol. rel. et br.

E. Chapus. Les Chasses princières en France. — J. Gérard. La Chasse au lion. — La Masson. Souvenirs d'un chasseur touriste. — M. de Foudras : Les Gentilshommes chasseurs. La Vénerie contemporaine (2 exemplaires).

45. Les Jeux du cirque et la vie foraine, par Hugues le Roux, illustrations de J. Garnier. *Paris, Plon, s. d.* in-4, fig. color. br.

BEAUX-ARTS

46. Le Manuel des artistes et des amateurs, ou Dictionnaire historique et mythologique des emblèmes, allégories, énigmes, devises, attributs et symboles, relativement au costume, aux mœurs, aux usages et aux cérémonies : par Messire J. R. de Petity. *Paris, Costard*, 1770, 4 vol. in-12, bas. f.

Mouillures.

47. Manuel de l'amateur d'estampes, précédé de considérations sur l'histoire de la gravure, par M. Ch. Le Blanc. *Paris, Jannet*, 1854, gr. in-8 à 2 col. demi-rel. chag. r.

Tome 1er.
Cet ouvrage n'a pas été continué.
Mouillures.

48. Recherches sur l'histoire de la peinture sur émail dans les temps anciens et modernes et spécialement en France, par L. Dussieux, *Paris, Leleux*, 1841, in-8, demi-rel. chag. r.

---

49. Omnia Andreæ Alciati emblemata, cum commentarii quibus emblematum aperta origine mens auctoris explicatur, et obscura omnia dubisque illustrantur adjectæ ad calcem notæ historiores per Claud. Minoem. *Parisiis, apud Steph. Valletum*, 1589, in-8, fig. sur bois mar. r. comp. tr. dor. (*Rel. anc.*)

Fortes mouillures.

50. Hieroglyphica of Merkbeelden der oude volkeren... door Romeyn de Hooghe. *Amsterdam, Joris van der Woude*, 1735, in-4, front. portr. fig. v. ant.

Exemplaire sur GRAND PAPIER.

51. Pub. Ovidius Nazoos Herscheppinge, in CXXIV plaaten afgebeeld. *Te Amsterdam, by Johannes Sluyter en Zoon*, 1780, in-8, 16 pp. de texte et 124 pl. gr. demi-rel. vél. non rog.

Au bas de chaque planche se trouve une explication manuscrite en français.

52. Gifford's historical prints. *S. l. n. d.*—Réunion de 51 pl. in-4 gr. publiées par Harrison en 1788-1790, demi-rel. bas. r.

53. Tableaux historiques des campagnes d'Italie, depuis l'an IV jusqu'à la bataille de Marengo. Les vues ont été pour la plupart prises sur les lieux mêmes, et les estampes sont gravées d'apres les dessins originaux de Carle Vernet. *Paris, Auber*, 1806, gr. in-fol. pl. gr. par Duplessi-Bertaux, Choffard, etc. cuir de R. dent. tr. dor.

Exemplaire avec les planches AVANT LA LETTRE.
Les plats de la reliure sont détachés. Piqûres d'humidité.

54. ALBUM ER*** réunion de 31 planches dans le style d'Henry Monnier, lithographiées et coloriées, in-4, demi-rel. v. violet.

55. Les Physiologies parisiennes illustrées par Gavarni, Cham, Daumier, Bertall... *Paris, Aubert, s. d.* gr. in-8 à 2 col. vign. cart. bradel

56. Le Tiroir du diable. Paris et les Parisiens, par MM. de Balzac, Eugène Sue, etc., etc. illustrations par Gavarni. *Paris, chez les principaux libraires, s. d.* gr. in-8, fig. demi-rel. bas. violette.

Deuxième partie : *Histoire de Paris*.

57. Les Industriels, métiers et professions en France, par Émile de la Bédollière, avec cent dessins par Henry Monnier. *Paris, Janet*, 1842, in-8, pl. vign. demi-rel. bas. verte.

Exemplaire du PREMIER TIRAGE.
Piqûres d'humidité.

58. Autrefois ou le Bon Vieux Temps. Types français du XVIIIe siècle. Texte par Audebrand, R. de Beauvoir, E. de Labédollière, etc. vignettes par T. Johannot, Th. Fragonard, Gavarni, etc. *Paris, Challamel, s. d.* (1842), gr. in-8, pl. gr. vign. demi-rel. chag. brun.

Exemplaire du PREMIER TIRAGE.
Piqûres d'humidité.

59. R. Töpffer : Premiers voyages en zigzag ou excursions d'un pensionnat en vacances. — Nouveaux voyages en zigzag à la grande Chartreuse. autour du Mont-Blanc. — *Paris, Garnier*, 1864-1874. — Ens. 2 vol. gr. in-8, fig. demi-rel. chag. r. plats toile, tr. dor.

60. L'Hôtel des Haricots, troisième édition, par Albert de Lasalle. 70 dessins par Edm. Morin. *Paris, E. Dentu, s. d.* in-8, fig. br.

61. Physiologies parisiennes, par Albert Millaud, illustrations par Caran d'Ache. *Paris, Librairie illustrée, s. d.* gr. in-8, fig. br.

62. La Comédie du jour sous la république athénienne, par Albert Millaud ; illustrations par Caran d'Ache. *S. l. n. d.* (*Paris, Plon*, 1886), gr. in-8, fig. cart. perc. grise, fers spéciaux, tr. dor.

63. Pages d'autrefois, retrouvées par Henri Pille, racontées par L. Roger Miles; avec une préface de François Coppée. *Paris, Lanier*, 1889, in-fol. fig. tirées en bistre, cart. non rog.

64. La Marine, croquis humoristiques, marins et navires anciens et modernes, illustré par Sahib. *Paris, Jouvet*, 1890, gr. in-8, fig. noires et color. br.

65. La Marche à l'Étoile. Mystère en 10 tableaux. Poème et musique de Georges Fragerolle, dessins de Henri Rivière. *Paris, Marpon, s. d.* in-4 oblong, fig. teintées, musique notée, cart.

66. Promptuarii iconum insigniorum a seculo hominum subiectis eorum vitis, per compendium ex probatissimis autoribus desumptis. *Lugduni apud Gulielmum Rovillum*, 1553, 2 parties en 1 vol. in-4, portr. en médaillons, gr. sur bois, bas. ant.

Mouillures et piqûres de vers ; reliure fatiguée.

67. Galerie françoise ou portraits des hommes et des femmes célèbres qui ont paru en France, gravés en taille douce par les meilleurs artistes, sous la conduite de M. Restouf, avec un abrégé de leur vie par une Société de gens de lettres. *Paris, Hérissant*, 1771, in-fol. portr. v. ant. marb. dent. tr. dor.

Bel exemplaire.

68. L'EUROPE ILLUSTRE, contenant l'histoire abrégée des souverains, princes, prélats, ministres, etc. dans le XVe siècle compris jusqu'à présent par M. Dreux du Radier. Ouvrage enrichi de portraits, gravés par les soins du sieur Odieuvre. *Paris, Nyon*, 1777, 6 vol. gr. in-8, front. d'Eisen, portr. demi-rel. mar. r. avec coins, fil. tête dor. non rog. (*R. Petit.*)

69. Portraits historiques lithographiés par Delpech. — 137 pièces en 1 vol. in-8, demi-rel. bas. brune.

70. Costumes anciens et modernes. Habiti antichi et moderni di tutio il mondo de Gesare Vecellio, précédés d'un essai sur la gravure sur bois, par M. Amb. Firmin-Didot. *Paris, Firmin-Didot*, 1859, 2 vol. in-8, texte et traduction, fig. demi-rel. chag. vert, plats toile.

71. Le Littoral de la France ; texte par Ch.-F. Aubert, dessins par H. Scott. *Paris, Palmé, s. d.* (1883), in-4, fig. noires et en couleur, demi-rel. chag. bleu avec coins, dos orné, tête dor. ébarbé.

72. Le Littoral de la France, par Ch.-F. Aubert. Dessins de Henri Scott, Brun, etc. ; gravures sur bois de Rognon Smeeton, etc. *Paris, Palmé*. 1885, gr. in-8, fig. pl. en couleur, demi-rel. chag. r. avec coins, tête dor. ébarbé.

Deuxième partie : du Mont Saint-Michel à Lorient.

73. Description des festes données par la Ville de Paris, à l'occasion du mariage de Madame Louise-Elisabeth de France, et de dom Philippe, Infant et grand amiral d'Espagne. *Paris, Le Mercier*, 1740, gr. in-fol. pl. gr. et pliées, v. ant. marb. dent. tr. dor. (*Armoiries sur les plats.*)

Très beau livre recherché pour les planches dessinées par Blondel Gabriel Salley et Servandoni.

---

74. Recueil des figures, groupes, thermes, fontaines, vases, et autres ornemens tels qu'ils se voyent à présent dans le château et parc de Versailles ; gravé d'après les originaux par Simon Thomassin graveur du Roy. *Paris, Thomassin*, 1694, gr. in-8, 23 pp. de texte et 218 pl. gr. v. ant. gran.

Les planches 6, 7, 30, 33, 64, 67, 78, 97, 98, 108 et 161 manquent. Piqûres de vers.

75. Dictionnaire de l'ameublement et de la décoration depuis le XIIIe siècle jusqu'à nos jours, par Henry Havard. *Paris, Quantin, s. d.* 4 vol. in-4 à 2 col. fig. et pl. en chromolithog. br.

76. Recueil d'ornements par Boucher de Puisieux, Solembier, Cornille, Blondel et Chopard. *Paris, Chereau Bonnart et Poilly, s. d.* Réunion de 161 pl. en 1 vol. in-fol. demi-rel. bas.

Portes cochères. — Grilles. — Cheminées. — Bibliothèques. — Panneaux. — Arabesques. — Buffet d'orgue. — Confessionnaux. — Chaires. — Carrosses, etc.

77. Marine militaire ou recueil des differens vaisseaux qui servent à la guerre, par Ozanne l'aîné. *Paris, Chereau, s. d.* gr. in-8, de 50 pl. gr. avec texte, non rel.

Le frontispice manque.

78. Paul Eudel. L'Hôtel Drouot. *Paris, Charpentier,* 1882-1888, 7 vol. in-12, cart. non rog.

Années 1881 à 1887.

BELLES-LETTRES

I. LINGUISTIQUE. — RHÉTORIQUE

79. De Puerili græcarum literarum doctrina liber. Lodoico Enoco authore. *Olina Roberti Stephani,* 1555, in-8, v. ant. marb.

Mouillures.

80. Lamberti Bos Ellipses græcæ. *Norimbergæ,* 1763, in-8, mar. r. dos orné, fil. dent. int. tr. dor. (*Derome.*)

Reliure signée. Mouillures.

81. Le Livre Jaune contenant quelques conversations sur les logomachies c'est-à-dire sur les disputes des mots, etc. (attribué à Gl. Gros de Boze et à G.-A. Bazin) *Bâle,* 1748, in-8, mar. citron, dos orné, dent. tr. dor. (*Rel. anc.*)

Exemplaire tiré sur PAPIER JONQUILLE.

82. Recueils d'oraisons et pompes funèbres. — Ens. 3 pièces in-4, fig. de Moreau, Cochin, pl. pliées, non rel.

Description du catafalque exécuté à Notre-Dame pour Marie-Amélie de Saxe, reine d'Espagne, 1761. — Description du mausolée érigé à Notre-Dame pour Philippe de Bourbon, infant d'Espagne 1766. — Description des honneurs funèbres rendus à la mémoire de Louis XV, 1774.

I. POÉSIE

1. POÈTES GRECS ET LATINS

83. Anacréon, Sapho, Bion et Moschus, traduction nouvelle en prose suivie de la veillée des fêtes de Vénus, et d'un choix de pièces de différents auteurs, par M. M*** C** (Moutonnet de Clairfond). *Paphos, Paris, Le Boucher,* 1773, front. fig. d'Eisen. — Hero et Léandre, poème de Musée. On y a joint la traduction de plusieurs idylles de Théocrite (par le même). *Sestos, Paris,* 1774. — Ens. 2 ouvrages en 1 vol. in-8, fig. v. ant. éc. fil. tr. dor.

Bel exemplaire du PREMIER TIRAGE.

84. Idylles de Bion et de Moschus, traduites en français par J.-B. Gail, figures dessinées par Le Barbier. *Paris, Gail, l'an troisième* (1795), pet. in-16, portr. fig. demi-rel. mar. bleu avec coins, tr. dor.

Exemplaire sur PAPIER FORT, figures de Le Barbier AVANT LETTRE. Raccommodage au dernier feuillet.

85. Odes d'Anacréon traduites en vers sur le texte de Brunck par J.-B. de Saint-Victor (texte et traduction). *Paris, Nicolle*, in-8, fig. de Girodet, bas.

86. Les Amours de Léandre et de Hero, poème de Musée, traduit en français avec le texte grec, la version latine, des notes critiques, par J.-B. Gail. *Paris, an IV* (1796), in-4 de 68 pp. front. cart. non rog.

Exemplaire sur PAPIER VÉLIN; frontispice de Le Barbier AVANT LA LETTRE.

87. Heraclidis Pontici, qui Aristotelis ætate nixit, allegoriæ in Homeri fabulas de diis, nunc primum è græco sermone in latinum translatæ : Conrado Gesnero medico tigurino interprete. (A la fin :) *Basileæ ex officina Joannis Oporini*, 1544, pet. in-8, v. f. dos orné, dent. tr. dor. (*Bozérian jeune.*)

88. Diversorum veterum poëtarum in priapum lusus. (A la fin :) *Venetiis, in ædibus hæredum Aldi*, 1534, in-8, mar. r. fil. à fr., dent. int. tr. dor. (*Duru.*)

89. Les Géorgiques de Virgile, traduites en vers français, avec les notes et variantes, suivies du texte latin, par M. l'abbé De Lille. *Imprimerie de la Société littéraire typographique*, 1784, in-8, v. écaille, dos orné, fil. tr. dor.

On a ajouté un frontispice, DESSINÉ A L'AQUARELLE.

90. L'Eneide di Virgilio del Commendatore Annibal Caro. *Parigi, Quillau*, 1760, 2 vol. in-8, portr. fig. de Zocchi, v. rac.

Mouillures.

91. Les Métamorphoses d'Ovide, en latin, traduites en français avec des remarques et des explications historiques par M. l'abbé Banier, ouvrage enrichi de figures en taille-douce gravées par B. Picart, et autres habiles maîtres. *Amsterdam, Wetstein*, 1732, 2 tomes en 1 vol. in-fol. pl. gr. mar. r. fil. tr. dor. (*Rel. anc.*)

Bel exemplaire sur GRAND PAPIER, avec les trois planches tirées à part au tome IIe, citées par Cohen.

92. Métamorphoses d'Ovide en rondeaux, par M. de Benserade. *Paris, Imprimerie royale*, 1676, in-4, front. et fig. v. ant. granit.

Édition recherchée pour les gravures de Le Clerc, F. Chauveau et J. Le Pautre, dont elle est ornée.

93. Nicolai Borbonii vandoperani lingonensis nugarum libri octo. *Apud Seb. Gryphium. Lugduni*, 1538, in-8, portr. v. brun ant. dos orné, fil. milieu doré, tr. dor.

Reliure du XVIe siècle restaurée.

94. Stultifera Navis || Narragõie profectio||nis nunq̃ȝ satis laudata Navis p sebastia||num Brandt ; vernaculo vulgariqȝ sermone et || rhythmo, p cuctoꝝ mortaliũ fatuitatis se||nitas effugere cupiẽtiũ directione, speculo || cõmo doqȝ, etc. Salute : proqȝ inertis ignaneqȝ || stultitiee p petua infamia, execratione, et con||futatione, nup fabricata : atqȝ jampridem || per Jacobum Locher : cognometo Philo || musum suenũ in latinũ traducta eloqui || am : et per sebastianũ Brandt : denuo seduloqȝ || revisa. (A la fin :) *In laudatissima Germanie urbe Basiliensi nup opa et promotione Johannis*

Bergman de Olpe anno salutis millesimo quadringentesimo nonagesimo septimo Kalendis Martiis, (1497) in-8 goth. de 145 ff. ch. plus 3 ff. pour la table, fig. sur bois, v. rac. dent. tr. dor.

Découpure dans la marge inférieure du titre.
Cassures à quelques ff.

2. POÈTES FRANÇAIS

95. Le Roman de la rose, par Guillaume de Lorris et Jean de Meun, accompagné de plusieurs autres ouvrages, d'une préface historique, de notes et d'un glossaire (par Lenglet du Fresnoy). *Paris, Pissot*, 1735, 3 vol. — Supplément au glossaire du Roman de la rose (par J.-B. Lantin de Dameroy). *Dijon*, 1737, 1 vol. — Ens. 4 vol. in-12, v. brun ant.

96. Les Œuvres de Clément Marot, de Cahors en Quercy, valet de chambre du roy. *Rouen, Le Vilain*, 1615, pet. in-12, vélin blanc, fil. armoiries sur les plats.

Cachets sur le titre.
Taches.

97. Les Œuvres de Théophile, divisées en trois parties, contenant l'immortalité de l'âme avec plusieurs autres pièces. *Paris, Pepingué*, 1662, 2 part. en 1 vol. in-12, mar. r. dos orné, fil. dent. int. tr. dor. (*Rapurlier*.)

98. Moyse sauvé, idyle héroïque du sieur de Saint-Amant. *Paris, Courbé* 1653, in-4, front. de Vignon, mar. grenat à long grain, dos orné, dent. sur les plats, dent. int. tr. dor.

Sur un des feuillets de garde de ce volume se trouve UNE PIÈCE DE VERS AUTOGRAPHE SIGNÉE DE SAINT-AMANT.
Portrait ajouté.

99. La Pucelle ou la France délivrée, poème héroïque par M. Chapelain. *Paris, Courbé*, 1656, in-fol. front. portr. fig. bas. f.

Mouillures; grattage sur le titre.

100. Poésies galantes et héroïques du sieur Tristan l'Hermite. *Paris*, 1662, in-4, portr. fig. demi-rel. bas. f.

Mouillures.

101. Contes et nouvelles en vers de La Fontaine. *Amsterdam*, 1745, 2 vol. pet. in-8, vign. de Cochin, mar. r. dent. tr. dor.

On a ajouté à cet exemplaire le tirage à part des vignettes attribuées à Duplessi-Bertaux, tirage moderne.

102. CONTES ET NOUVELLES EN VERS de M. de La Fontaine. *Amsterdam, Paris*, 1762, 2 vol. pet. in-8, portr. gravé par Ficquet d'après Rigault, fig. d'Eisen, culs-de-lampe de Choffard, mar. r. dos orné, fil. dent. tr. dor. étuis. (*Hardy*.)

Bel exemplaire de l'édition dite *des Fermiers Généraux*.
Les figures du *Cas de Conscience* et du *Diable de Papefiguière*, sont découvertes.

103. Contes et nouvelles en vers par M. de La Fontaine. *Amsterdam*, 1764, 2 vol. pet. in-8, fig. mar. grenat à long grain, dos orné, fil. dent. int. tr. dor.

Réimpression de l'édition précédente.
Brûlures aux pages 116 à 123 du tome Ier.
Mouillures.

104. Fables de La Fontaine, illustrations par Grandville. *Paris, Garnier*, 1864, gr. in-8, fig. demi-rel. chag. noir, tr. dor.

105. Œuvres choisies de Madame et de Mademoiselle Deshoulières. *Genève, (Cazin)*, 1777, in-18, portr. mar. r. dos orné, fil. tr. dor. (*Rel. anc.*)

106. Recueil des meilleurs contes en vers (par La Fontaine, Voltaire, Vergier, Senecé, Perrault, Moncrif, Ducerceau, Grécourt, etc.). *Londres (Paris, Cazin)*, 1778, 4 vol. in-18, vign. à mi-page attribuées à Duplessi-Bertaux, mar. r. dos orné, fil. dent. int. tr. dor. (*Reymann.*)

Bel exemplaire.
Hauteur : 118 millimètres.

107. Fables nouvelles, par M. de La Motte, avec un discours sur la fable. *Paris, Dupuis*, 1719, in-4, front. vignettes de Coypel, Gillot, etc. v. ant. marb.

108. La Pucelle d'Orléans, poème héroï-comique en 24 chants, nouvelle édition avec de belles figures. *A Londres, aux dépens de la Compagnie*, 1761, pet. in-8, fig. cart.

109. La Henriade (par Voltaire), nouvelle édition. *Paris, veuve Duchesne* (1769-1770), 2 vol. in-8, fig. d'Eisen, mar. orange, dos orné, comp. dent. int. tr. dor.

Les figures de l'édition sont remontées. On a ajouté à cet exemplaire la première suite des figures de Moreau de l'édition de Kehl; et la seconde suite du même, publiée par Renouard en 1802, plus une suite de figures pour le même sujet, par Leprince, gravée par Pauquet.

Le second volume n'a pas de gravures, il contient : *les Variantes, les Notes, l'Essai sur la poésie épique* et diverses pièces poétiques de l'auteur.

110. La Henriade (par Voltaire), nouvelle édition. *A Paris, chez la veuve Duchesne* (1769-1770), 2 vol. in-8, front. fig. d'Eisen, v. ant. jaspé, dent.

111. Œuvres complètes de M. Bernard. *Londres, (Cazin)*, 1777, in-18, front. mar. r. dos orné, fil. tr. dor. (*Rel. anc.*)

112. Œuvres de P.-J. Bernard, ornées de gravures d'après les dessins de Prud'hon. *Paris, Didot l'aîné*, 1797, in-4, fig. demi-rel. mar. vert avec coins, tête dor.

113. L'Art d'aimer et poésies diverses de M. Bernard. — Phrosine et Mélidore (par le même). — *S. l. n. d.* (1775), 2 ouvrages. en 1 vol. in-8, fig. de Martini et d'Eisen, bas.

Taches et mouillures.

114. Œuvres de Gresset. *Paris, Renouard*, 1811, 2 vol. in-8, portr. fig. de Moreau, demi-rel. v. bleu.

A la suite du tome II : *Le Parrain magnifique, poème, ouvrage posthume de Gresset.*

115. Gresset. Ver-vert suivi de la Chartreuse, l'Abbaye et autres pièces. *Paris, Laurent*, 1855, in-64, mar. bleu jans. dent. int. tr. dor.

Bel exemplaire de cette édition microscopique.

116. Œuvres de M. Léonard. *Paris, Prault*, 1787, 2 vol. in-12, fig. de Comy, Vivier et Moreau, bas.

Taches.

117. Œuvres complètes de Grécourt, enrichies de gravures; nouvelle édition. *Paris, de Chaignieau, l'an V*e (1797), 4 vol. in-8, portr. fig. de Fragonard, v. ant. éc. tr. dor.

Bel exemplaire sur papier vélin, avec les figures avant la lettre.

118. Œuvres de François-Joachim de Pierre, cardinal de Bernis. On y a joint le poème de la Religion Vengée, ouvrage posthume de l'auteur. *Paris, Didot*, 1797 - *an V*, in-8, fig. tirées en bistre, v. éc. dent. tr. dor.

119. Fables ou allégories philosophiques. (par Dorat). *La Haye, Paris, Delalain*, 1772, in-8, front. fleurons, vign. et cul-de-lampe de Marillier, demi-rel, mar. citron avec coins, dos orné, tête dor. ébarbé.

120. Fables nouvelles, par Dorat. *La Haye et Paris, Delalain*, 1773, 2 parties en 1 vol, in-8, front. fig. vign. et culs-de-lampe de Marillier, mar. vert, fil. à fr., dent. int. tr. dor. étui. (*Petit.*)

Quelques taches.

121. Mes Fantaisies (par Dorat). *Amsterdam, Paris, Jorry*, 1768, in-8, fleurons, vign. et cul-de-lampe d'Eisen, v. f. ant. fil. tr. dor.

Exemplaire sur papier de Hollande, incomplet du frontispice.

122. Œuvres diverses de Dorat. *Paris, Amsterdam et Genève*, 1764-1792. — Réunion de 25 vol. in-8, fig. d'Eisen et de Marillier, rel. cart. et br.

Le Pot-Pourri, 1764. — Lettre d'Alcibiade a Glicère, 1764. — Épitre à Catherine II. 1765. — Lettres en vers et œuvres mêlées, 1767. (1 double exemplaire.) — Œuvres mêlées en vers et en prose, 1767, (dont un double exemplaire). — Suite des bagatelles anonymes. 1767. — Mes Fantaisies 1770. — Les Baisers, 1770. — Recueil de Contes et Poëmes, 1770. — La Déclamation théâtrale, 1771, (dont un double exemplaire). — Les Sacrifices de l'amour, 1771. (dont un double exemplaire.) — Les Malheurs de l'inconstance, 1772. — Regulus, tragédie. 1773. — Les Victimes de l'amour, 1776. — Recueil de Contes et Poëmes, 1776. — Epitre à l'ombre d'un ami, 1777. — Lettres d'une chanoisse de Lisbonne à Melcour. 1780. — La Journée des Dames, poëme, 1783. — Les Victimes de l'amour, 1790. — Lettres en vers et œuvres mêlées, 1792. — Épitre de Pierre Bagnolet aux grands hommes, *s. d.*

123. Dorat : Les Tourterelles de Zelmis. *S.l.n.d.* (*Paris*, 1766), titre gr. front. vign. et cul-de-lampe. — Les Cerises, la Double Méprise, contes en vers. *La Haie* (*Paris*), 1769, fig. — Les Dévirgineurs, et Combalus, contes en vers, suivis de Floricourt, histoire françoise. *Amsterdam* (*Paris*), 1765. — Ens. 3 ouvrages en 1 vol. gr. in-8, mar. r. dos orné, fil. dent. int. tr. dor.

Bel exemplaire. Figures d'Eisen gravées par Longueil.

124. Les Tourterelles de Zelmis (par Dorat). *S. l. n. d.* (*Paris*, 1766), titre et fig. gr. d'Eisen, 56 pp. — Lettre d'Alcibiade à Glicère, bouquetière d'Athènes, etc.; (par Le Marquis de Pezay). *Genève, Paris*, 1744, fig. d'Eisen, 36 pp. — Réponse de Valcour à Zéila, (par Dorat). *Paris, Jorry*, 1766, fig. d'Eisen, 42 pp. — Lettre de Caton d'Utique à César. *Paris, Lambert*, 1766, front. de Gravelot, 32 pp. — Régulus, tragédie en trois actes et en vers, (par Dorat), 1766, fig. d'Eisen, 64 pp. — Ens. 5 ouvr. en 1 vol. gr. in-8, fig. mar. brun jans. dent. int. tête dor. ébarbé.

125. Lettre d'Alcibiade à Glicère, bouquetière d'Athènes, suivie d'une lettre de Vénus à Pâris, et d'une épitre à la maîtresse que j'aurai. (Par le Marquis de Pezay). *Genève et Paris, Jorry*, 1764, in-8, fig. vign. et culs-de-lampe d'Eisen, mar. citron, dos orné, fil. dent. int. tr. dor. (*Belz-Niedrée*).

126. Zelis au bain, poëme en quatre chants (par le Marquis de Pezay) *A Genève*, *s. d.* in-8, fig. demi-rel. mar. grenat dos orné, fil. tête dor.

Le titre gravé est remplacé par un fac-similé dessiné à la plume, les deux dernières pages sont manuscrites. Raccommodages.

127. Les Sens, poëme en six chants (par Du Rosoi). *Londres* (*Paris*), 1766, in-8. fig. d'Eisen et de Wille, cart.

Nombreux ff. raccommodés.

128. Héroïdes ou lettres en vers, par M. Blin de Sainmore. *Paris, Delalain*, 1768, in-8, fig. de Gravelot, Eisen, Choffard, demi-rel. v. brun.

Recueil contenant les pièces suivantes : *Lettre de Biblis à Caunus son frère; Lettre de Gabrielle d'Estrées à Henri IV; Lettre de Sapho à Phaon; Lettre de Jean Calas à sa femme.*

129. Héroïdes ou lettres en vers, par M. Blin de Sainmore. *Paris, Delalain*, 1768, in-8, fig. vign. et culs-de-lampe de Gravelot, d'Eisen et Choffard, mar. r. jans. dent. int. tête dor. non rog.

Exemplaire sur GRAND PAPIER.
Mouillures.

130. Narcisse dans l'isle de Vénus, poème en quatre chants (par Malfilaâre). *Paris, Lejay, s. d.* (1769), in-8, titre et fig. gr. d'Eisen et de Saint-Aubin, demi-rel. vélin avec coins.

131. Narcisse dans l'isle de Vénus, poème en quatre chants (par Malfilâtre). *Paris, Lejay, s. d.* (1769), in-8, titre gr. par Eisen et fig. de Saint-Aubin, bas. éc. dent.

132. Les Saisons, poëme par Saint-Lambert, à *Amsterdam*, 1769, in-8, fig. de Le Prince et Gravelot, demi-rel. v. f. dos orné, tr. marb.

133. Les Saisons, poëme par Saint-Lambert. *Paris. Didot*, 1796, in-4, fig. demi-rel. mar. bleu avec coins, dos orné, tête dor. ébarbé. (*Champs.*)

Exemplaire sur PAPIER VÉLIN avec les figures AVANT LA LETTRE. On a ajouté les figures de Moreau de l'édition de 1775.

134. Les Saisons, poëme; (Contes, Poésies fugitives et fables orientales). (par Saint-Lambert, traduites par Mme Bontemps). *Amsterdam*, 1775, gr. in-8, fig. de Moreau, v. ant. marb,

135. Le Tableau de la Volupté ou les quatre parties du jour, Poëme en vers libres par M. D. B. (Du Buisson). *A Cythère, au temple du Plaisir*, 1771, in-8, fig. vign. et culs-de-lampe d'Eisen, mar. citron, dos orné, large dent. doublé de mar. r. dent. gardes de satin rouge, tr. dor.

136. Jérémie, poëme en quatre chants, avec sa prière, et sa lettre aux captifs, prêts à partir pour Babylone, par M. Desmarais. *Paris, Desprez*, 1771, in-8, front. et fig. de Leclerc, cart. non rog.

Exemplaire sur PAPIER DE HOLLANDE.
Taches : déchirures enlevant une partie de la marge inférieure aux pages 41 et 91

137. Le Jugement de Pâris poëme en IV chants, suivi d'Œuvres mêlées, par M. Imbert. *Amsterdam*, 1774, in-8, titre et fig. de Moreau. v. ant. marb.

138. L'Agriculture. Poëme (par Rosset). *Paris, Imprimerie Royale*, 1774, 2 parties en 1 vol. in-4, front. fig. de Saint-Quentin, Marillier, J. de Louterbourg, etc. demi-rel. mar. vert avec coins, dos orné, tr. dor.

Mouillures.

139. Tarsis et Zélie (par Levayer de Bontigny). Nouvelle édition. *Paris, Musier*, 1774, 3 tomes en 6 vol. in-8, front. fleurons, vign. de Cochin. Moreau et Eisen, v. ant. éc. fil. tr. dor.

Exemplaire sur GRAND PAPIER DE HOLLANDE, avec le frontispice AVANT LA LETTRE.

140. Idylles, par M. Berquin. *Paris, Ruault*, 1775, 2 vol. in-16, titre-front. et fig. de Marillier, v. ant. éc. fil. tr. dor.

Exemplaire sur PAPIER FORT.

141. Romances par M. Berquin. *S. l. n. d.* (*Paris, Ruault*, 1776), in-12, fig. de Marillier, et musique gr. mar. bleu, dos orné, fil. dent. int. tr. dor.

Exemplaire sur PAPIER DE HOLLANDE, avec les figures AVANT LES NUMÉROS. Les feuillets de musique sont remmargés.

142. Les A-propos de Société ou chansons de M. L. (de Laujon). 2 vol. — Les A-propos de la folie ou chansons grotesques, grivoises et annon-

ces de parade (par le même), 1 vol. *S. l.* (*Paris*), 1776. — Ens. 3 vol. in-8, musique notée, titres, vign. et culs-de-lampe de Moreau, demi-rel. chag. vert, tête r. ébarbé.

Manquent les 3 figures de Moreau.

143. La Pucelle de Paris, poème en douze chants et en vers (Alph. du Congé Dubreuil). *Londres*, 1776, in-8, front. de Desrais, v. f. dos orné, fil. tr. dor. (*Simier, R. du Roi.*)

Mouillures.

144. Mélange de poésies fugitives et de prose sans conséquence par Mme la comtesse de B. (Beauharnais). *Amsterdam et Paris, Delalain*, 1776, et 2 tomes en 1 vol. in-8, front. fig. de Marillier, demi-rel. mar. r. avec coins, tête dor. ébarbé.

145. Les Quatre Heures de la toilette des dames, poème érotique en quatre chants dédié à S. A. S. Madame la princesse de Lamballe, par M. de Favre de la Société littéraire de Metz. *Paris, Bastien*, 1779, gr. in-8, front. fig. vign. et culs-de-lampe de Leclerc. v. f. dos orné, dent. int. tr. dor.

146. Les Mois, poème en douze chants, par Boucher. *Paris, Quillau*, 1779, 2 vol. in-4, fig. v. f. ant.

147. Les Plaisirs de l'amour ou recueil de contes. Histoire et poèmes galans. *Chez Apollon au Montparnasse* (*Paris, Cazin*), 1782, 3 tomes en 1 vol. in-16, front. fig. mar. r. jans. dent. int. tr. dor.

Piqûre de ver raccommodée au faux-titre du tome second.

148. Fables de Florian illustrées par Victor Adam précédées d'une notice par Charles Nodier et d'un essai sur la fable. *Paris, Delloy*, 1838, in-8, fig. demi-rel. bas. verte.

Exemplaire du PREMIER TIRAGE.

149. Le Mérite des femmes, nouvelle édition augmentée de poésies inédites par Legouvé. *Paris, Janet*, 1825, in-16, fig. v. brun, comp. à froid, tr. dor.

150. Les Consolations et Opuscules en vers et en prose, par C.-A. Demoustier. *Paris, Renouard*, 1804, in-18, portr. mar. r. à long grain, dent. tr. dor.

151. Œuvres complètes de P.-J. Béranger nouvelle édition revue par l'auteur, illustrée de cinquante-deux belles gravures sur acier d'après les dessins de M. Charles Lemud, Johannot, etc. *Paris, Perrotin*, 1847, 2 vol. in-8, portr. fig. fac-similé, demi-rel. chag. r. avec coins.

Piqûres d'humidité.

152. Victor de Laprade-Pernette. Édition illustrée de 27 compositions de Jules Didier, gravés par Gauchard. *Paris, Didier*, 1870, in-8, fig. demi-rel. chag. violet, plats toile, tr. dor.

153. Les Contes rémois par M. le comte de C... (de Chevigné). *Paris, Michel Lévy*, 1858, in-12, portr. vign. demi-rel. mar. vert, tête dor. ébarbé.

PREMIÈRE ÉDITION de ce format avec les illustrations de Gustave Doré.

154. Victor Hugo. La Voix de Guernesey. *S. l. n. d.* (*Guernesey, de l'imprimerie de T. M. Bichard*, 1867), in-32 de 16 pp. mar. r. jans. dent. int. tête dor. non rog. (*Marius Michel.*)

PREMIÈRE ÉDITION de ce petit poème inspiré par le combat de Mentana.
Exemplaire portant sur le titre l'ENVOI AUTOGRAPHE suivant : « *Remerciements. J'envoie à la belle et patriotique publication* Martici italiani *tous mes vœux de succès.* — *Victor*

Hugo H. H. 15 *avril* 1869. » En tête du volume se trouve le portrait de Victor Hugo, gravé par Paul Chenay et à la fin, l'enveloppe qui a servi à l'envoi du présent exemplaire et dont la suscription est de la main du poète.

Exemplaire provenant de la bibliothèque de M. J. Noilly.

155. Paul Deroulède. Chants du soldat. Dessins et aquarelles de de Neuville, Detaille, Allongé, etc. *Paris, Calmann-Lévy*, 1888, in-8, fig. cart. non rog. couverture.

3. POÈTES ITALIENS, ANGLAIS ET ALLEMANDS

156. Roland furieux, poème héroïque de l'Arioste. Traduction nouvelle, par M. d'Ussieux. *Paris, Brunet*, 1775-1783, 4 vol. in-8, portr. d'Eisen, fig. de Moreau, Cochin, etc. v. ant. éc. tr. dor.

157. Essai sur l'homme de Monsieur Pope. *Helmstedt, Drimborn*, 1749, in-4, mar. r. dos orné, fil. tr. dor. étui. (*Rel. anc.*)

Exemplaire ayant appartenu à Ferdinand, duc de Brünswick.
Taches et mouillures.

158. Les Saisons, poème traduit de l'anglois de Thompson (par Mme Bontemps). *Paris, Chaubert*, 1759, in-12, titre-front. fig. et culs-de-lampe d'Eisen, v. f. ant. fil.

Mouillures.

159. The Chase and other poems by William Sommerville. *London, Jones*, 1824, in-32, front. mar. violet à long grain, dos orné, comp.

160. Samuel Coleridge. The Rime of the ancient mariner, illustrated by Gustave Doré. *London, Hamilton*, 1876, in-fol. pl. gr. sur bois, cart. toile r. fers spéciaux.

161. La Dernière Feuille, poème par Olivier Wendell Holmes illustrés par G. Wharton, Hopkinson et Smith. *Paris, Quantin*, 1887, gr. in-8, portr. fig. pl. demi-rel. vélin, tête dor. ébarbé.

162. Les Quatre parties du jour, poème traduit de l'allemand de M. Zacharie (par Muller). *Paris, Musier*, 1769, gr. in-8, fig. vign. et culs-de-lampe d'Eisen, mar. r. dos orné, fil. dent. int. tr. dor.

III. THÉATRE.

163. Chroniques secrètes et galantes de l'Opéra, 1667-1845, par G. Touchard Lafosse. *Paris, Roux*, 1846, 4 vol. in-8, demi-rel. bas. violette.

164. Esther, tragédie tirée de l'Escriture sainte (par Racine). *Paris, Thierry*, 1689. — Athalie, tragédie tirée de l'Ecriture sainte (par le même). *Paris, Thierry*, 1692. — Ens. 2 pièces en 1 vol. in-12, v. ant. granit.

Editions originales avec les frontispices.
Mouillures.

165. Œuvres de M. Vadé ou recueil des opéra-comiques, parodies et pièces fugitives de cet auteur; avec les airs, rondes et vaudevilles notés. *Paris, Duchesne*, 1758, 4 vol. in-8, portr. musique gr. v. ant. marb.

166. La Bergère des Alpes. Pastorale en trois actes, et en vers, mêlée de chant par M. Marmontel. *Paris, Merlin*, 1766, front. de Gravelot, 60 pp. — L'Ecole de la jeunesse, ou le Barnevelt françois; comédie en trois actes et en vers meslée d'ariettes par M. Anseaume, musique de M. Duny. *Paris, Duchesne*, 1765, 96 pp. — Le Sorcier, comédie lyrique, mêlée d'ariettes

en deux actes (par M. Poinsinet). *Paris, Duchesne*, 1768, 96 pp. — Tom Jones, comédie lyrique en trois actes, imitée du roman anglais de M. Fielding, par M. Poinsinet, musique par M. Philidor. *S. l. n. d.* (*Paris*, 1756). 104 pp. — Lucile, comédie en un acte, meslée d'ariettes. (par M. Marmontel), *Paris, Merlin*, 1769, 51 pp. — Zemire et Azor, comédie-ballet, en vers et en quatre actes, mêlée de chants et de danses, par M. Marmontel, musique de M. Grétry, *Paris, Vente*, 1772, 56 pp. — Ens. 5 ouvrages en 1 vol. in-8, front. musique notée, v. f. ant.

167. L'Honnête criminel, drame en cinq actes et en vers par Fenouillot de Falbaire. *Amsterdam* et *Paris*, 1767, in-8, fig. de Gravelot, mar. r. jans. dent. int. tr. dor. (*Champs.*)

168. Amilka ou Pierre-le-Grand, tragédie, suivie d'un extrait de la tragédie d'Alceste (par Dorat). *Paris, Jorry*, 1767, in-8, fig. d'Eisen, v. ant. éc. tr. dor.

169. Pygmalion, scène lyrique de M. J.-J. Rousseau. Mise en vers par M. Berquin, le texte gravé par Droüet. *Paris*, 1775, in-8, de 20 pp. titre gr. vign. de Moreau le jeune, v. f. dos orné, fil. dent. int. tr. dor. (*Closs.*)

Armoiries sur les plats, déchirures dans la marge du titre.

170. Œuvres complettes de Crébillon, nouvelle édition augmentée et ornée de belles gravures. *Paris*, 1785, 3 vol. in-8, portr. et fig. de Marillier, v. ant. granit.

Mouillures.

171. Œuvres de M. de Falbaire de Quingey. *Paris, Duchesne*, 1787, 2 vol. in-8, portr. de Cochin, fig. de Gravelot, v. ant. rac. dent.

172. Charles IX ou l'école des Rois, tragédie par Marie-Joséph de Chénier avec figures. *Paris, Didot*, 1790, in-8, fig. de Borel, demi-rel. chag. brun avec coins, tête dor. ébarbé.

173. Le Paria, tragédie en cinq actes, par M. Casimir Delavigne, *Paris, Barba*, 1821. — Régulus, tragédie en trois actes, par M. Lucien Arnauld. *Paris, Ponthieu*, 1822, fig. — Ens. 2 vol. in-8, fig. cart. non rog.

Editions originales.
Mouillures.

174. Lucrèce Borgia, drame par Victor Hugo. *Paris, Renduel*, 1833, in-8, front. demi-rel. bas. grenat.

Edition originale, ornée d'un frontispice de Célestin Nanteuil.

175. La Fille de Roland, drame en quatre actes en vers, par le vicomte Henri de Bornier. Représenté sur le Théâtre-Français le 15 février 1875. *Paris, Dentu*, 1875, in-8, cart. non rog. couverture.

Edition originale.

176. Vicomte Henri de Bornier. Les Noces d'Attila, drame en quatre actes, en vers. *Paris, Dentu*, 1880, in-8, cart. non rog. couverture.

Edition originale.

177. H. Meilhac et Lud. Halévy. L'Été de la Saint-Martin, comédie en un acte. *Paris, Michel-Lévy*, 1873, pet. in-8, cart. non rog. couverture.

Edition originale. Exemplaire sur papier de Hollande, avec 46 DESSINS A L'AQUARELLE exécutés par M. d'Henriot et réparties dans les marges du volume.

178. Félicien Champsaur. Lulu, pantomime en un acte, préface par Arsène Houssaye. *Paris, Dentu*, 1888, in-8, fig. coloriées cart.

IV. ROMANS.

179. Amours de Theagènes et Chariclée, histoire ethiopique (traduite du grec d'Héliodore). *Paris, Coustellier*, 1743, 2 vol. in-12, front. fig. et vign. v. ant. marb. fil. tr. dor.

180. Amours de Théagènes et Chariclée, histoire ethiopique (traduite du grec d'Héliodore). *Paris, Coustelier*, 1743, 2 vol. pet. in-8, front. fig. v. ant. marb. fil. tr. dor.

Exemplaire aux armes de la MARQUISE DE POMPADOUR.

---

181. Histoire des quatre fils Aymon très nobles et très vaillans chevaliers, illustrée de compositions en couleurs par Eugène Grasset. Gravure et impression par Charles Gillot. Introduction et notes par Charles Marcilly. *Paris, Launette*, 1883, in-4, fig. demi-rel. mar. grenat avec coins, tête dor. ébarbé.

182. Histoire de Gérard de Nevers et de la Belle Euriante, sa mie par Tressan. *Paris, Didot*, 1792, pet. in-12, fig. de Moreau, mar. citron, dos orné, fil. tr. dor. (*Rel. anc.*)

183. Histoire du petit Jehan de Saintré et de la dame des Belles Cousines; extraite de la vieille chronique de ce nom, par M. de Tressan. *Paris, Didot*, 1791, in-18, fig. de Moreau, v. rac. fil. tr. dor.

184. Les Cent Nouvelles nouvelles, édition revue sur les textes originaux et illustrée de plus de 300 dessins par A. Robida. *Paris, Librairie illustrée, s. d.* 2 vol. in-8, fig. br.

185. Œuvres de Rabelais, édition conforme aux derniers textes revus par l'auteur, une notice et un glossaire par P. Jannet, illustrations de A. Robida. *Paris, Librairie illustrée, s. d.* 2 vol. in-4, fig. br.

186. L'Alcide. Dédié à Monseigneur le duc de Richelieu (par Scudéry). *Paris, Cardin-Besongne*, 1647, pet. in-8, front. mar. r. dos orné, comp. dor. à petits fers, tr. dor. et ciselée (*Rel. anc.*)

Belle reliure du XVIIe siècle. Le frontispice est rogné; mouillures.

187. La Promenade de S. Germain. A Mademoiselle de Scudéry (par M. Le Laboureur). *Paris, de Luyne*, 1669, pet. in-8 de 68 pp. cart.

188. Les Amours de Psyché et de Cupidon, avec le poème d'Adonis par La Fontaine, édition ornée de figures dessinées par Moreau le Jeune. *Paris, Saugrain, l'an V*-1797, 2 vol. in-12, papier vélin, portr. et fig. demi-rel. v. f. tête marb. ébarbé.

189. Les Avantures de Télémaque, fils d'Ulysse, par feu messire de Salignac de La Mothe-Fénelon. *Paris, Estienne*, 1742, 2 vol. in-12, fig. de Bonnard, v. brun ant.

190. Les Aventures de Télémaque, fils d'Ulysse, par François Salignac de La Mothe-Fénelon. Nouvelle édition ornée de gravures. *Paris, Didot l'aîné*, 1796, 4 vol. in-18, portr. de Delvaux, fig. de Lefebvre, demi-rel. v. brun avec coins, dos orné, fil. tr. dor.

191. Quatre Contes de Perrault (La Barbe bleue. — La Belle au bois dormant. — Cendrillon. — Les Fées) illustrés par Édouard de Beaumont. *Paris, Boussod-Valadon*, 1888, in-4, fig. coloriées, cart. fers spéciaux, tête dor. ébarbé.

192. Mémoires du comte de Grammont, par Antoine Hamilton. *Paris, Conquet*, 1888, gr. in-8, portr. fig. à l'eau-forte de Delort, gr. par Boisson, demi-rel. mar. bleu avec coins, tête dor. non rog.

193. Le Bélier, conte par le C. Antoine Hamilton. *S. l.* 1749, in-12, mar. r. dos orné, fil. tr. dor. (*Rel. anc.*)

Raccommodage au titre.

194. Suite des Quatre Facardins et de Zeneyde, contes d'Hamilton terminés par M. de Lévis. *Paris, Renouard*, 1812, in-8, v. rac. dent.

195. Le Diable boiteux, par Le Sage, illustré par Tony Johannot, précédé d'une notice sur Le Sage, par Jules Janin. *Paris, Bourdin*, 1840, gr. in-8, front. fig. cart. Bradel.

Exemplaire du PREMIER TIRAGE.

196. Histoire de Gil Blas de Santillane, par Le Sage. *Londres, Longman*, 1809, 4 vol. in-8, fig. de Smirke, v. olive quadrillé, fil.

197. Histoire de Gil Blas de Santillane, par Le Sage. Vignettes par J. Gigoux. *Paris, Paulin*, 1835, gr. in-8, fig. demi-rel. v. f. ébarbé.

Exemplaire du PREMIER TIRAGE.

198. Le Temple de Gnide, revu, corrigé et augmenté (par Montesquieu). *Londres* (*Paris, Huart*, 1742), pet. in-8, front. vign. de De Sève, bas. ant.

Édition avant la division en chants, c'est-à-dire la PREMIÈRE.

199. Le Temple de Gnide; (Céphise et l'amour. — Arsace et Isménie, histoire orientale) par Montesquieu. *Paris, Didot, an III* (1795), gr. in-8, fig. d'Eisen et de Le Barbier, v. ant. rac. dent. doublé de tabis.

200. Lettres d'une Péruvienne, par Mme de Graffigny, traduites du français en italien par M. Deodati. *Paris, Migneret*, 1797, in-8, portr. et fig. de Gaucher et Le Barbier, bas. rac.

201. Apollon Mentor, ou le Télémaque moderne (attribué à Palissot). *Londres* (*Paris*), 1748, 2 vol. in-12, front. fig. de Flipart, v. ant. marb.

202. Le Sopha, conte moral; nouvelle édition (par Crébillon fils). *A Pékin, chez l'imprimeur de l'empereur*, 1749, 2 vol. pet. in-12, fig. de Clavareau, v. ant. granit.

203. Contes moraux, par M. de Marmontel. *S. l. n. d.* (*Bruxelles*), 3 vol. in-12, portr. fig. demi-rel. bas.

204. Angola, histoire indienne, ouvrage sans vraisemblance, (par le chevalier de La Morlière). Nouvelle édition revue et corrigée. *Agra*, (*Paris*), 1751, 2 parties en 1 vol. in 12, fig. d'Eisen, mar. brun jans. dent. int. tr. dor.

Roman galant, tiré, dit-on, des papiers du duc de La Trémouille.

205. La Nouvelle Héloïse, ou Lettres de deux amants habitans d'une petite ville au pied des Alpes; recueillies et publiées par J.-J. Rousseau. *Neuchâtel et Paris, Duchesne*, 1764, 4 vol. in-8, fig. de Gravelot, v. ant. marb. fil.

Taches.

206. Histoire amoureuse de Pierre Le Long et de sa très honorée dame Blanche Bazu, par M. de Sauvigny. Musique de Philidor et Albanaise. *Londres*, 1768, in-8, fig. musique gr. bas.

207. L'Innocence du premier âge en France, ou Histoire amoureuse de Pierre Le Long et de Blanche Bazu; suivie de la Rose ou la fête de Salency.

Paris, Ruault, 1778, in-8, fig. et vignettes, demi-rel. mar. La Vall. avec coins, tr. dor.

208. La Confidence nécessaire ou lettres de mylord Austin de Norfolk, à mylord Humfrey de Dorset, par N. E. Rétif de la Bretonne. *La Haie*, 1769, 2 parties en 1 vol. in-12, v. ant. marb.

209. Le Pied de Fanchette ou l'Orfeline française : histoire intéressante et morale (par Restif de la Bretonne). *La Haie*, 1769, 3 parties en 1 vol. in-12, demi-rel. bas.

210. Le Quadragénaire, ou l'âge de renoncer aux passions ; histoire utile à plus d'un lecteur, (par Restif de la Bretonne). *Genève et Paris*, 1777, 2 parties en 1 vol. in-12, fig. cart.

211. La Malédiction paternelle : lettres sincères et véritables de N***** à ses parens, ses amis et à ses maîtresses ; avec les réponses : recueillies et publiées par Timothée Joly, son exécuteur testamentaire (par Restif de la Bretonne). *Leipzig et Paris*, 1780, 3 vol. in-12, fig. de Binet, v. ant. marb.

212. Les Contemporaines, ou avantures des plus jolies femmes de l'âge présent : recueillies par N*****, (Restif de la Bretonne) et publiées par Timothée Joly, de Lyon, dépositaire de ses manuscrits. *Leipsick et Paris*, 1780-1782, 18 tomes en 9 vol. in-12, fig. de Binet, demi-rel. v. granit.

Première série.

213. Les Contemporaines ou avantures des plus jolies femmes de l'âge présent ; recueillies par N.-E. R****-d*-L*-B*** (Restif de la Bretonne) et publiées par Timothée Joly, de Lyon, dépositaire de ses manuscrits. *Leipsick et Paris*, 1781-1785, 42 vol. in-12, fig. de Binet, v. ant. granit.

214. Les Jolies Femmes du commun ou avantures des belles marchandes, ouvrières, etc. de l'âge présent, recueillies par N.-E. R***-d*-l*-B***. (Restif de la Bretonne). *Leipsick, Buschel*, 1782-1783, 12 tomes en 6 vol. in-12, fig. demi-rel. bas. f.

215. La Dernière Aventure d'un homme de quarante-cinq ans ; nouvelle utile à plus d'un lecteur (par Restif de la Bretonne). *Genève et Paris*, 1783, 2 vol. in-12, fig. de Binet, v. ant. marb.

216. La Prévention Nationale, action adaptée à la scène ; avec deux variantes, et les faits qui lui servent de base (par Restif de la Bretonne). *La Haie et Paris*, 1784, 3 vol. in-12, fig. v. ant. marb.

217. La Paysanne pervertie ou les dangers de la ville ; histoire d'Ursule R***, sœur d'Edmond, le paysan, mise au jour d'après les véritables lettres des personnages (par Restif de la Bretonne). *La Haie et Paris*, 1784, 8 parties en 4 vol. in-12, fig. de Binet, v. ant. éc.

218. Les Veillées du Marais (par Restif de la Bretonne), *Waterford*, 1785, 4 parties en 2 vol. in-12, front. br.

219. Les Françaises, ou XXXIV exemples choisis dans les mœurs actuelles, propres à diriger les filles, les femmes, les épouses et les mères (par Restif de la Bretonne). *Neufchâtel et Paris*, 1786, 4 vol. in-12, fig. demi-rel. bas. bleue.

220. Les Parisiennes ou XL Caractères généraux pris dans les mœurs actuelles propres à servir à l'instruction des personnes du sexe (par Restif de la Bretonne). *Neufchâtel, Paris*, 1787, 4 vol. in-12, fig. demi-rel. v. f.

Manque la planche XV.

221. Les Nuits de Paris ou le Spectateur Nocturne (par Restif de la Bretonne).

Londres et Paris, 1788-1794, 16 parties en 8 vol. in-12, fig. demi-rel. chag. r.

Recueil d'anecdotes scandaleuses servant à l'histoire du jardin du Palais-Royal.

222. Les Nuits de Paris ou le Spectacle Nocturne (par Restif de la Bretonne). *Londres, Paris*, 1788-1790, 15 parties en 14 vol. in-12, fig. demi-rel. bas.

Le 1er volume contenant les deux premières parties est relié en v. ant. marb. Mouillures.

223. Margot la Ravaudeuse, par M. de M*** (Fougeret de Montbron). *Hambourg*, 1772, in-12, front. (portrait de Margot dans son tonneau), demi-rel. v. rose.

224. Nouvelles historiques, par M. d'Arnaud. *Paris*, 1774-1775, 3 vol. in-8, fig. d'Eisen et de Marillier, musique notée, bas. ant. granit.

Salisbury. — Warbeck. — Anne Bell. — Zénothémis, anecdote marseillaise. — Rosalie. — Ermance.

225. Nouvelles historiques, par M. d'Arnaud. *Paris*, 1774-1783, 3 vol. in-8, musique notée, fig. d'Eisen et de Marillier, demi-rel. v. brun, non rog.

Exemplaire sur GRAND PAPIER.
Le tome Ier est incomplet du feuillet où se trouve le cul-de-lampe de la 2e nouvelle « *Warbeck* », et de la vignette de la 3e nouvelle « *le Sire de Créqui* » le tome III s'arrête à la page 222.

226. Joseph, par M. Bitaubé, *Paris, Didot l'aîné*, 1786, in-8, portr. de Cochin; fig. de Marillier, v. f. dos orné, dent. tr. dor.

227. Paul et Virginie, par Jacques-Bernardin-Henri de Saint-Pierre. *Paris, Imprimerie de Monsieur*, 1789, in-18, fig. de Moreau, mar. r. à long grain, dos orné, dent. tr. dor.

228. Les Amours du chevalier de Faublas, par J.-B. Louvet. *Paris, chez l'auteur, An VI de la République* (1798), 4 tomes en 2 vol. in-8, fig. de Monnet, Marillier, etc. demi-rel. bas.

Taches.

229. Six Mois d'exil ou la force et les avantages de l'union; roman historique, par Mme de Mérard-Saint-Just, née Anna d'Ormoy. *Paris, Riom*, 1798, 3 tomes en 1 vol. in-12, demi-rel. mar. r. dos orné, plats v. rac. dent. non rog.

Exemplaire de MÉRARD DE SAINT-JUST, avec annotations et corrections de sa main, provenant de la vente de SAINT-ALBIN.

230. Attala. — René, par Fr.-Aug. de Chateaubriand. *Paris, Lenormand*, 1805, in-12, fig. de Garnier, v. rac. dent. tr. dor.

231. Histoire du roi de Bohême et de ses sept châteaux (par Ch. Nodier). *Paris, Delangle*, 1830, in-8, fig. de Johannot, demi-rel. mar. r. tête dor. ébarbé.

ÉDITION ORIGINALE d'un des plus beaux livres illustrés de ce siècle; on y a joint un portrait de l'auteur.
Bel exemplaire.

232. La Peau de chagrin, par M. H. de Balzac. *Paris, Houdaille, s. d.* (1838), gr. in-8, titre gr. fig. de Gavarni, Baron, Janet-Lange, etc. bas. bleue, comp. tr. dor.

Piqûres d'humidité.

233. Parodie du Juif-Errant, par Ch. Philipon et Louis Huart; 300 vignettes par Cham. *Bruxelles*, 1845, in-8, fig. cart. non rog. couverture.

234. La Petite Fadette, par George Sand. *Paris, Michel Lévy*, 1849, 2 vol. in-8, demi-rel. chag. r. non rog.

ÉDITION ORIGINALE.

235. Les Beaux Messieurs du Bois-Doré, par George Sand. *Paris, Cadot*, 1859, 5 vol. in-8, br. couverture.

ÉDITION ORIGINALE.

236. Le Royaume des Roses, par Arsène Houssaye; vignettes par Gérard Séguin. *Paris, Blanchard*, 1851, in-8, fig. cart. avec coins, non rog. couverture.

237. Les Fées de la mer, par Alphonse Karr, vignettes de Lorenz. *Paris, Blanchard*. 1851, pet. in-8, fig. cart. non rog.

Exemplaire du PREMIER TIRAGE.

238. Histoire d'un pion, par Alphonse Karr; vignettes par Gérard Séguin. *Paris, Blanchard*, 1854, pet. in-8, fig. cart. non rog.

Exemplaire du PREMIER TIRAGE.

239. Graziella, par A. de Lamartine. *Paris, Librairie Nouvelle*, 1852, in-12, cart. non rog. couverture.

ÉDITION ORIGINALE.

240. X.-B. Saintine. Picciola. *Paris*, 1854, in-8, fig. cart. non rog.

Exemplaire du PREMIER TIRAGE avec sa couverture.

241. Madame Bovary. Mœurs de province (par G. Flaubert). *Paris, Michel Lévy*, 1857, 2 vol. in-12, cart. couvertures.

ÉDITION ORIGINALE.
Exemplaire de CHARLES MONSELET.

242. Salammbô, par Gustave Flaubert. *Paris, Michel Lévy*, 1863, in-8, demi-rel. mar. r. avec coins, dos orné, tête dor. ébarbé, couverture.

Bel exemplaire de l'ÉDITION ORIGINALE dans lequel on a intercalé une suite de 8 planches de Pierre Vidal, épreuves AVANT LA LETTRE, sur PAPIER DU JAPON. On y joint également 2 portraits de l'auteur gravés à l'eau-forte.

243. Fanny, étude par Ernest Feydeau. *Paris, Amyot, s. d.* (1858), in-12, cart.

ÉDITION ORIGINALE.
Exemplaire avec ENVOI DE L'AUTEUR à GEORGE SAND.

244. Alexandre Dumas fils. La Dame aux Camélias, préface de Jules Janin, édition illustrée par Gavarni. *Paris, Librairie Moderne*, 1858, in-8, pl. gr. sur bois, demi-rel. mar. brun avec coins, dos orné, tête dor. non rog.

Exemplaire du PREMIER TIRAGE.

245. Moschek. Mœurs polonaises, par L. Hollenders. *Paris, Poulet-Malassis*, 1859, pet. in-8, demi-rel. chag. vert.

246. Jules Noriac. Le 101e régiment, illustré par Armand Dumarescq, G. Janet, Pelcoq, etc. *Paris, Michel Lévy*, 1863, in-8 carré, fig. br.

247. Théophile Gautier. Le Capitaine Fracasse, illustré de 60 dessins de Gustave Doré. *Paris, Charpentier*, 1866, in-8, fig. demi-rel. chag. La Vall.

Exemplaire du PREMIER TIRAGE.

248. Voyages en Espagne, Tras los montes, par Théophile Gautier. *Paris, Laplace, s. d.* in-8, pl. noires et coloriées, br.

249. Aventures prodigieuses de Tartarin de Tarascon, par Alphonse Daudet. *Paris, Dentu*, 1872, in-12, demi-rel. bas. bleue.

ÉDITION ORIGINALE.

250. Alph. Daudet : Aventures prodigieuses de Tartarin de Tarascon. — Tartarin sur les Alpes, illustré d'aquarelles. — Port-Tarascon, dernières aventures de l'illustre Tartarin, dessins de Bieler, Conconi, etc. — *Paris*, 1885-1890. — Ens. 3 vol. in-8, fig. br.

251. Alphonse Daudet : Trente ans de Paris. — Les Femmes d'artistes. — Souvenirs d'un homme de lettres. — *Paris*, 1888-1889. — Ens. 3 vol. in-12, fig. br.

252. Fanny Lear. Le Roman d'une Américaine en Russie, accompagné de lettres originales. *Bruxelles, Lacroix*, 1875, in-12, demi-rel. mar. vert avec coins, dos orné, tête dor. ébarbé.

253. Les Petites Cardinal, par Ludovic Halévy, douze vignettes, par H. Maigrot. — Criquette, (par le même). — *Paris, Calmann-Lévy*, 1880-1883. — Ens. 2 vol. gr. in-12, fig. cart. perc. bleu, non rog.

254. Ludovic Halévy : l'Abbé Constantin, illustré par Mme Madeleine Lemaire. *Paris, Boussod-Valadon*, 1887, in-4, pl. demi-rel. mar. bleu avec coins, tête dor. ébarbé.

255. Marc de Montifaud. Les Nouvelles drolatiques, 10 fasc. — Entre Messe et Vêpres, 7 fasc. — Les Joyeuses nouvelles, 10 fasc. — *Bruxelles et Paris*, 1882. — Ens. 27 fasc. in-16, fig. br.

256. Le Conte de l'Archer, par Armand Silvestre. Aquarelles de A. Poirson gravées par Gillot. Impression chromotypographique par A. Lahure. *Paris, Lahure*, 1883, gr. in-8, fig. en couleur, br.

257. Armand Silvestre. Rose de Mai, roman inédit. *Paris, Sgap*, 1888, in-8, fig. cart. non rog. couverture.

258. Armand Silvestre : Fabliaux gaillards. — L'Épouvantail des rosières. — Propos grivois. — *Paris, Libr. illustrée, s. d.* — Ens. 3 vol. in-12, fig. br.

259. Guy de Maupassant. Contes et romans. *Paris*, 1883-1888, 5 vol. in-8 et in-12, br.

Contes de la Bécasse. — Sur l'eau. — La Horla. — Pierre et Jean. — Contes choisis.

260. Guy de Maupassant. Pierre et Jean, illustré par Ernest Duez et Albert Lynck. *Paris, Boussod-Valadon*, 1888, gr. in-4, pl. demi-rel. mar. bleu avec coins, tête dor. ébarbé.

261. Le Rosier de Madame Husson, par Guy de Maupassant, illustrations par Habert Dys, eaux-fortes de E. Abot, d'après Desprès. *Paris, Quantin*, 1888, in-8, fig. cart.

262. Pierre Loti. Madame Chrysanthème. Dessins et aquarelles de Rossi et Myrbach, gravure de Guillaume frères. *Paris, Calmann-Lévy*, 1888, in-8, fig. cart. non rog.

263. Les Aventures romanesques d'un comte d'Artois d'après un ancien manuscrit orné de dessins, de la Bibliothèque Nationale par Mme Alice Hurtrel. — La Grande Diablerie, poème du xve siècle, par Eloy d'Amerval. — *Paris, Hurtrel*, 1883-1884. — Ens. 2 vol. in-16, fig. noires et en couleur, br.

264. La Belle Armurière ou un Siège de Bayonne au moyen âge, par P. Dive et E. Ducéré. *Paris, Hurtrel*, 1886, pet in-8 carré, papier vélin teinté, fig. en couleur br. renfermé dans un cart. satin avec attaches.

265. Légende de Montfort la Cane, racontée par le baron de Vaux et dessinée par Paul Chardin. *Paris, Leroux*, 1886, in-4, fig. à l'aquarelle, cart. perc. tête dor. ébarbé.

266. Romans modernes, 1862-1890. — Ens. 13 vol. in-12, rel. et br.

A. Gandon. Les 32 duels de Jean Gigoux. — L'Oncle Philibert, par le même. — E. Feydeau. Fanny. — Guérin Ginisty. La Fange. — E. et J. de Goncourt. En 18.. — G. Ohnet. Les Dames de Croix-Mort. — Pierre Loti. Pêcheur d'Islande. — J. Richepin. La Mer. — Dubut de Laforest. La Bonne à tout faire. — M. Frescaly. Nouvelles algériennes. — D. Sivet. Par Amour. — L. Descaves. Sous-Offs. — Gyp. o province!

267. Romans contemporains illustrés, 1885-1889. — Ens. 11 vol. gr. in-12, rel. et br.

L. Morin. Le Cabaret du Puits-sans-vin. — A. Daudet. Sapho. — Bidel. Mémoires d'un dompteur. — F. Champseau. L'amant des danseuses. — La Gomme, par le même. — H. d'Argis. Gomorrhe. — Dubut de Laforest. Contes à la lune. — Djallil. Mars en Goguette. — M. de Cherville. Contes d'un coureur des bois. — R. de Pont-Jest. Le Fleuve des Perles. — Moinaux. Les Gaités bourgeoises.

268. Romans modernes illustrés. *Paris*, 1887. — Ens. 12 vol. in-12, fig. br.

Paris sur scène 1888. — Une lune de miel à Monte-Carlo. — Albert Millaud. Physiologies parisiennes. — Les Émotions de Polydore Marasquin, par Léon Gozlan. — Félix Galipaux. Encore des Galipettes. — D. Darc. Les Femmes inquiétantes. — Jean-Jean, par Alb. Brasseur. — A. Robida. Les Peines de cœur. — La Mionnette, par Eug. Muller. — Em. Goudeau. Les Billets bleus. — J. Moineau. Les Tribunaux comiques.

269. Romans modernes avec couvertures illustrées, 1889-1890. — Ens. 5 vol. in-12, br.

F. Champsaur. Dinah Samuel. — J. Aicard. Don Juan, 89. — M. de Souillac. Zé Boïm. — J. Larocque : Odylle. Fausta.

---

270. Contes de Boccace, traduction de Sabatier de Castres, illustrations de Tony Johannot, Célestin Nanteuil, Grandville, H. Girardet, etc. *Paris, Garnier*, 1876, in-8, br.

271. L'Ingénieux Hidalgo don Quichotte de la Manche, par Miguel de Cervantès Saavedra; traduction de Louis Viardot avec 370 compositions de Gustave Doré gravées sur bois par H. Pisan. *Paris, Hachette*, 1869, 2 vol. in-fol. fig. cart. perc. verte.

272 Nouvelles espagnoles de Michel de Cervantès. Traduction nouvelle (par Lefebvre de Villebrune) avec des notes; ornée de figures en taille-douce. *Madrid, Paris*, 1775, 12 parties en 2 vol. in-8, portr. fig. de Desrais, v. ant. marb.

Ce recueil contient les nouvelles suivantes : La Bohémienne; l'Amant libéral; Théodosie et Léocadie; le Jaloux d'Estramadure; l'Espagnole angloise; le Sot curieux; le Licentié de Verre; l'illustre de Frégone; la Force du sang; Cornélie; le Mariage trompeur; les Filoux.

273. Histoire de Tom Jones, ou l'Enfant trouvé, traduction de l'anglois de Fielding par D. L. P. (de La Place). *Londres, Nourse*, 1750, 4 tomes en 2 vol. in-12, fig. v. ant. marb.

Taches.

274. Clarisse Harlowe. Traduction nouvelle et seule complète, par M. Le Tourneur; faite sur l'édition originale revue par Richardson; ornée de figures du célèbre Chodowiecki, de Berlin. *Genève, Barde*, 1785-1786, 10 vol. in-8, portr. fig. bas.

Exemplaire avec les figures AVANT LA LETTRE.

275. Aventures de Robinson Crusoé, par Daniel de Foë; nouvelle traduction. Édition illustrée par Grandville. *Paris, Fournier*, 1840, in-8, front. fig. cart.

Exemplaire du PREMIER TIRAGE.

276. Olivier Goldsmith. Le Vicaire de Wakefield. traduction nouvelle et complète par B.-H. Gausseron. *Paris, Quantin, s. d.* in-8, fig. en couleur, cart. perc. brune, fers spéciaux, tête dor. ébarbé.

277. Adelbert de Chamisso. Histoire merveilleuse de Pierre Schlémihl, ou l'Homme qui a vendu son ombre, traduction par Auguste Dietrich. *Paris, Westhausser*, 1888, in-8, portr. fig. de H. Pille, br.

278. Les Mille et Une Nuits, contes arabes, traduits par Galland. Édition illustrée par les meilleurs artistes français et étrangers, augmentée d'une dissertation sur les Mille et une Nuits par M. le baron Silvestre de Sacy. *Paris, Bourdin, s. d.* (1840), 3 vol. gr. in-8, front. fig. et vign. demi-rel. chag. La Vall. couvertures.

Exemplaire du PREMIER TIRAGE.

279. La Matrone du pays de Soung. Les Deux Jumelles (contes chinois) avec un préface par E. Legrand. *Paris, Lahure*, 1884, gr. in-8, aquarelles de Poirson, cart. non rog. couverture.

280. Les Voyages de Kang-Hi ou Nouvelles Lettres chinoises par M. de Levis. *Paris, Didot*, 1811, 2 tomes en 1 vol. pet. in-8, mar. violet à long grain, dos orné, dent. tr. dor.

V. FACÉTIES. — DISSERTATIONS SINGULIÈRES, etc. POLYGRAPHES.

281. L'Éloge de la folie, traduit du latin d'Erasme par M. Gueudeville. Nouvelle édition revue et corrigée sur le texte de l'édition de Basle. Ornée de nouvelles figures avec des notes (par Meunier de Querlon). *S. l.* (*Paris*), 1751, in-4, fig. d'Eisen, mar. r. dos orné, fil. dent. int. tr. dor.

282. Éloge de la folie nouvellement traduit du latin d'Erasme par M. de La Veaux, avec les figures de Jean Holbein gravées d'après les dessins originaux. *Basle, Thurneysen*, 1780, in-8, portr. fig. demi-rel. v. bleu avec coins.

283. L'Enfer de la mère Cardine, etc. (attribué à Flaminio de Birag). *S. l. n. d* (1597), in-8 de 55 pp. br.

Réimpression faite en 1793 par Didot l'aîné et tirée à très petit nombre.

284. Les Heures perdues d'un cavalier françois dans lequel les esprits mélancoliques trouveront des remèdes propres pour dissiper cette fascheuse humeur. *Paris, de Sercy*, 1662, in-12, v. éc. dent.

Rogné en tête. Mouillures.

285. Les Solitaires en belle humeur. Entretiens recueillis des papiers de feu M. le Marquis de M*** (par Smirke). *Utrecht, Neaulme*, 1741, 3 vol. in-12, fig. demi-rel. bas. verte, non rog.

286. L'Art de plumer la Poule sans crier. *Cologne, Robert le Turc*, 1710, in-12, vélin.

Recueil d'histoires de Courtisanes, de fripons, etc.; anecdotes de mœurs dont la plus grande partie est fort piquante; les magistrats et les financiers sont les héros de ces scandales.

287. L'Art de désopiler la rate, se de modo C. prudenter en prenant chaque feuillet pour se T. le D. (Par A.-J. Panckoucke.) *A Gallipoli de Calabre, l'an des folies*, 175,884, 175,887, (1754-1757), 2 vol. pet. in-12, v. ant. gran.

288. Le Livre à la Mode (par Caraccioli). *En Europe* (*Paris*), 1759, pet. in-8, imprimé en rouge. — Même ouvrage du même auteur. *A Verte-Feuille, de l'imprimerie du Printemps au Perroquet, l'année nouvelle*, (*Paris, Duchesne*, 1759), pet. in-8, imprimé en vert. — Le Livre des quatre couleurs (par le même auteur). *S. l. n. d.* (*Paris, Duchesne*, 1760), pet. in-8. — Ens. 3 ouvrages en 1 vol. vélin.

289. Le Livre à la Mode (par Caraccioli). *A Verte-Feuille, de l'imprimerie du Printemps au Perroquet, l'année nouvelle* (*Paris, Duchesne*, 1759), pet. in-8, demi-rel. mar. vert, dos orné.

Deux exemplaires de cet ouvrage reliés ensemble, le premier est imprimé en vert, le second en rouge.

290. Œuvres badines complettes du comte de Caylus, avec figures. *Amsterdam et Paris, Visse*, 1787, 12 vol. in-8, portr. de Cochin, fig. de Marillier, bas ant. éc. dent.

291. Éloge de l'Ivresse (par Sallengre). *Paris, Michel, an IV*, in-8, front. de Binet, demi-rel. v. brun.

On a ajouté à la suite : *La Gorge de Mirza, sujet proposé au concours, et dont un baiser a été le prix*. Paris, an IX, 57 pp.
Mouillures.

292. Henri Monnier. Mémoires de Monsieur Joseph Prudhomme. *Paris, Librairie Nouvelle*, 1857, 2 vol. in-12, cart. non rog. couverture.

Édition originale.
Mouillures.

293. L. Lemercier de Neuville. Physiologie du coiffeur. *Paris, Poulet-Malassis*, 1862, in-12, demi-rel. chag. grenat avec coins, tête dor.

Envoi de l'auteur à M. G. Bourdin.

---

294. L'Arretin moderne. *A Rome* (*Amsterdam*), 1774-1776, 2 parties en 1 vol. in-12, bas.

295. Recueil de pièces galantes, en prose et en vers, de Madame la comtesse de La Suze, et de Monsieur Pélisson. Nouvelle édition à laquelle on a joint le voyage de Bachaumont et La Chapelle, les poésies du Chevalier d'Aceilly ou de Cailly; les Visionnaires, comédie de Jean Desmarets. *Trévoux*, 1748, 5 vol. in-12, v. ant. granit.

296. Lucina sine concubitu. Lucine affranchie des loix du concours, traduite de l'anglois d'Abraham Johnson (de John Hill par Moet). *S. l.* 1750, 67 pp. — Concubitus sine Lucina, ou le plaisir sans peine. Réponse à la lettre intitulée Lucina sine concubitu (traduit de l'anglais de Richard Roé par de Combes). *Londres*, 1750, 59 pp. — Ens. 2 ouvrages en 1 vol. pet. in-8, demi-rel. mar. brun avec coins.

297. L'Art de la Beauté ou Secrets de la Toilette des dames, suivi de petites instructions aux Messieurs sur l'art de fasciner, par Lola Montez. *Paris*, 1862, in-12, portr. phot. demi-rel. mar. violet.

298. L'Éventail, par Octave Uzanne; illustrations de Paul Avril. *Paris, Quantin*, 1882, in-8, aquarelles et encadrements, cart. non rog. couverture.

299. L'Ombrelle, le gant, le manchon, par Octave Uzanne; illustrations de P. Avril. *Paris, Quantin*, 1883, gr. in-8, fig. en couleur, cart. Bradel.

300. Son Altesse la Femme, par Octave Uzanne, illustrations de H. Gervex, J.-A. Gonzalès, L. Kratke, etc. *Paris, Quantin*, 1885, in-8, aquarelles, br. couverture, renfermé dans un carton avec attaches artistiques.

301. Le Miroir du Monde, notes et sensations de la vie pittoresque, par Octave Uzanne, illustrations en couleurs, d'après Paul Avril. *Paris, Quantin*, 1888, in-4, fig. br. renfermé dans un cart. en cuir avec fleurs estampées en couleur.

302. Les Quinze Joyes de mariage avec des notes et un glossaire, par D. Jouaust; eaux-fortes de Ad. Lalauze. *Paris, Librairie des Bibliophiles*, 1887, in-16, fig. br.

---

303. Auli Gellii noctium atticarum libri indeviginti (ex recens Joan. Bapt. Egnatii). (A la fin:) *Venetiis in ædibus Aldi et Andreæ Soceri*, 1515, in-8, car. ital. vélin.

Initiales en couleurs rehaussées d'or, rapportées d'un autre exemplaire de la même édition.
Taches.

304. Encyclopédiana. Recueil d'anecdotes anciennes, modernes et contemporaines. Nouvelle édition illustrée de 120 vignettes. *Paris, Laisné*, 1857, in-8 à 2 col. fig. demi-rel. mar. brun avec coins, tête dor. ébarbé.

Mouillures.

305. Poggiana, ou la vie, le caractère, les sentences et les bons mots de Pogge Florentin : avec son histoire de la République de Florence. *Amsterdam, Humbert*, 1720, 2 vol. pet. in-8, portr. bas.

306. Une Journée des Parques, divisée en deux séances, par M. Le Sage. *La Haye, Neaulme*, 1735, in-12, fig. de Crépy, mar. citron, dos orné, fil. dent. int. tr. dor.

Dialogue plein de sel, de philosophie, de pensées fortes et hardies, rendues avec une vigueur étonnante.

307. Les Entretiens du Palais-Royal (par L. Ant. de Caraccioli). *Utrecht, et se trouve à Paris*, 1786-1788, 4 parties en 2 vol. in-12, demi-rel. chag. vert.

308. Lettres d'Héloïse et d'Abailard. Édition ornée de huit figures gravées par les meilleurs artistes de Paris, d'après les dessins et sous la direction de Moreau le jeune. *Paris, Fournier, an quatrième* (1796), 3 vol. in-fol. fig. cart. non rog.

Exemplaire sur PAPIER VÉLIN ; figures AVANT LA LETTRE.
Quelques piqûres.

309. Dominici Baudi epistolæ semicenturia auctæ Lacunis aliquot Suppletis accedunt eiusdem orationes et libellus de Fœnore. *Amstelodami, Typis L. Elzevirii*, 1662, in-12, titre gr. portr. mar. brun, fleurons sur les plats, tr. dor.

---

310. M. Tullii Ciceronis Opera omnia quæ estant. *Lugduni, sumptibus Joan. Pillehotte*, 1606, 2 tomes en 1 vol. in-12, v. brun, dos orné, comp. tr. dor. (*Rel. anc. fatiguée.*)

Exemplaire aux armes de LOUIS XIII.
Mouillures, taches et piqûres de vers.

311. Œuvres choisies du roi René, avec une biographie et des notices, par M. le comte de Quatrebarbes et un grand nombre de dessins et orne-

ments d'après les tableaux et manuscrits originaux, par M. Hawké. *Paris, Picard*, 1849, 2 tomes en 1 vol. gr. in-4 (tome I et IIe), fig. fac-similé, v. granit, dos orné, fil.

312. Œuvres complettes de M. de Saint-Foix, historiographe des ordres du roi. *Paris, Duchesne*, 1778, 6 vol. in-8, fig. de Marillier, v. ant. marb.

313. Œuvres du comte Antoine Hamilton. *Paris, Renouard*, 1812, 3 vol. in-8, portr. fig. de Moreau, v. rac. dent.

314. Œuvres complètes de Beaumarchais, précédées d'une notice sur sa vie et ses ouvrages. *Paris, Furne*, 1828, 6 vol. in-8, portr. fig. de Johannot, demi-rel. chag. vert, non rog.

Mouillures.

315. Œuvres de M. d'Imbert. — Ens. 10 vol. fig. in-8, v. ant. marb.

Le Jugement de Pâris. *Amsterdam*, 1772. fig. de Moreau. 1 vol. — Fables nouvelles, dédiées à Mme la Dauphine. *Amsterdam*. 1773, fig. de Moreau. 1 vol. — Historiettes ou Nouvelles en vers. *Amsterdam*, 1774, fig. de Moreau. 1 vol. — Nouvelles historiettes en vers. *Amsterdam*. 1781, 1 vol. — Rêveries philosophiques. *La Haye*. 1778. 1 vol. — Les Egaremens de l'amour, ou Lettres de Fanéli et de Milfort. *Amsterdam*. 1776, fig. 2 vol. — Lecture du matin ou Nouvelles Historiettes en prose. *Paris*, 1782. 1 vol. — Lectures du soir ou Nouvelles Historiettes en prose. *Paris*, 1782. 1 vol. — Lectures variées. ou Bigarrures littéraires. *Paris*, 1782, 1 vol.

316. Œuvres inédites de Piron (prose et vers); publiées avec notes par Honoré Bonhomme. *Paris, Poulet-Malassis*, 1859, in-8, fac-similés, demi-rel. v. f.

317. Œuvres inédites de Piron (prose et vers), publiées avec notes, par Honoré Bonhomme. *Paris, Poulet-Malassis*, 1859, in-8, fac-similés, demi-rel. mar. r. tête dor. non rog. couverture.

Un des deux exemplaires sur PAPIER DE CHINE, avec cartons aux pages XIII-XIV et 87-88, provenant de la bibliothèque de M. POULET-MALASSIS. Au verso de la couverture se trouve une NOTE AUTOGRAPHE de ce dernier.

On a joint une lettre de M. BONHOMME à M. POULET-MALASSIS.

318. Œuvres choisies du comte de Tressan, avec figures. *Paris*, 1791-1796, 12 vol. in-8, fig. de Marillier, v. ant. jaspé.

On a ajouté à cet exemplaire : *Le Chevalier Robert ou Histoire de Robert, surnommé le brave (par le comte de Tressan)*. *Paris*, 1800, 1 vol. in-8 formant le tome XIII de cette collection.

319. Œuvres du Marquis de Villette. *Londres (Cazin)*, 1786, in-18, vél. dent.

Exemplaire sur PAPIER ROSE.

320. C.-A. Demoustier. Lettres à Emile, sur la mythologie, 6 part. en 3 vol. fig. de Monnet. — Cours de Morale et opuscules en vers et en prose, 1 vol. portr. — Théâtre, 1 vol. — *Paris, Renouard*, 1801-1804. — Ens. 4 vol. in-8, fig. v. brun, tr. dor.

Exemplaire sur PAPIER VÉLIN, avec les figures AVANT LA LETTRE.

321. Collection complète des Pamphlets politiques et opuscules littéraires de Paul-Louis Courier. *Bruxelles*, 1827, in-8, portr. demi-rel. bas.

322. Œuvres complètes de Lamartine. *Paris, Gosselin*, 1836-1838, 12 vol. in-8, portr. fig. musique notée, demi-rel. v. r.

Méditations poétiques. 2 vol. — Harmonies poétiques. 2 vol. — Voyages en Orient, 4 vol. — Jocelyn, 2 vol. — La Chute d'un ange, 2 vol.

323. Pierre Loti. Œuvres. *Paris, Calmann-Lévy*, 1884-1890, 7 vol. in-12, br.

Mon frère Yves. — Pêcheur d'Islande. — Propos d'exil. — Japoneries d'automne. — Au Maroc.

324. Œuvres de Walter Scott, traduites par Defauconpret. *Paris, Furne*, 1835, 30 vol. in-8, portr. fig. cartes, demi-rel. v. brun.

325. Phénomènes des frères Davenport et leurs voyages en Amérique et en Angleterre par le docteur Nichols, ouvrage traduit de l'anglais par Mme Bernard Derosne. *Paris, Didier*, 1865. — Tom-Tit. La Science amusante, ses expériences. *Paris, Larousse, s. d.* — Ens. 2 vol. in-12 et in-8, fig. rel. et cart.

326. Henri Heine : De la Fr... ce. — Poèmes et légendes. — Drames et Fantaisies. — De tout un peu. — *Paris, Michel Lévy*, 1857-1867. — Ens. 4 vol. in-12, demi-rel. chag. La Vall.

---

327. Collection Barbou, 1742-1764. — Ens. 6 vol. in-12, fig. v. ant. marb.

Phædri fabularum Æsopiarum. — Publii Terentii comœdiæ sex, 2 vol. — Titi Lucretii Cari de rerum Natura libri sex. — Quinti Horatii Flacci Carmina, Nitori suo restituta accurante Steph. And. Philippe. — De Imitatione Christi libri quatuor, recensuit J. Valart.

328. Collection Cazin, 1771-1782. — Ens. 15 vol. in-18, fig. de Marillier, d'Eisen etc. v.

Les Bijoux indiscrets (par Diderot), 2 vol. — Poésies de Dorat, 4 vol. — Œuvres de Gesner, 3 vol. — J.-J. Rousseau, Emile, 4 vol. — Œuvres du chevalier Boufflers. — Les Saisons, par Thompson.

329. Publications de la Société des bibliophiles de Reims. 1841-1842, 2 vol. in-16, fig. demi-rel. v. brun, dos orné.

Exemplaire sur PAPIER DE HOLLANDE contenant les opuscules suivants : Discours de ce qu'a fait en France le héraut d'Angleterre ; Le Noble et gentil jeu de l'arbaleste à Reims ; Une Emeute en 1649 ; Louis XI et la Sainte Ampoule : Mémoires de M. Fr. Maucroix. 2 parties ; Histoire du pain d'épice de Reims ; L'Entrée du roy à Paris ; Les Lépreux à Reims ; Inventaire de Richard Picque ; Miniatures d'une bible du XIVe siècle.
Tiré à très petit nombre.

330. Analectes du bibliophile, contenant diverses pièces anciennes et modernes, etc. Directeur, M. Jules Gay. *Turin, Gay*, 1876, 3 vol. in-18, demi-rel. chag. La Vall. tête jaspée, ébarbé.

HISTOIRE

I. GÉOGRAPHIE. — VOYAGES. HISTOIRE UNIVERSELLE. — RELIGIONS.

331. Philippi Cluveri introductionis in universam geographiam, tam veterem quam novam, libri VI : Cui adjuncta est Danielis Heinsi oratio in obitum ejusdem Philippi Cluveri. *Lugduni Batavorum, ex officina Elzeviriana*, 1624, in-4, bas. dent. tr. dor. (*Rel. anc. fat.*)

332. Adolf Stieler's Handatlas über alle Theile der Erde und über das Weltgebäude, 95 Karten. *Gotha, Justus Perthes, s. d.* in-fol. cartes gravées, coloriées et montées sur onglets, demi-rel. cuir de R. avec coins, plats toile.

333. LE TOUR DU MONDE. Nouveau journal des voyages publié sous la direction de M. Ed. Charton. *Paris, Hachette*, 1860-1887, 27 vol. in-4, fig. demi-rel. chag. vert.

Les 27 premières années.

334. La Frégate l'Incomprise; Voyage autour du Monde à la plume par Sahib, *Paris, Vanier*, 1882, in-4, fig. cart. perc. r. fers spéciaux, tr. dor.

335. Suisse et Savoie, souvenirs de voyages par H. Champly. *Paris, Poulet-Malassis*, 1859, pet. in-8, demi-rel. chag. vert.

336. La Côte d'azur, par Stéphen Liégeard. *Paris, Quantin, s. d.* in-4, fig. cart. perc. fers spéciaux, tr. dor.

337. H.-M. Stanley. Dans les Ténèbres de l'Afrique. *Paris, Hachette*, 1890. 2 vol. in-8, fig. cartes, br.

---

338. Liber Chronicarum de historiis ætatum mundi, ac descriptione variarū urbium studio et opera doctoris Hartmani Schedel. *Nurembergensis*, 1493, in-fol. fig. sur bois, bas.

Livre connu sous le nom de *Chronique de Nuremberg*.
Exemplaire incomplet du titre et des premiers ff. de table, remplacés par des ff. manuscrits.

339. Le Monde. Histoire de tous les peuples, depuis les temps les plus reculés jusqu'à nos jours, par MM. Saint-Prosper, de Saurigny, etc. revue et continuée par M. E. de Lostalot-Bachoué. Edition illustrée de trois cent quarante belles gravures sur acier. *Paris, Lebigre-Duquesne*, 1859, 10 vol. gr. in-8 à 2 col. portr. fig. cart. perc.

Mouillures.

---

340. Les Images des dieux, des anciens, contenans les idoles, costumes, cérémonies, et autres choses appartenans à la religion des payens. Recueillies en Italien par le sieur Vincēt Cartari de Rhege, et traduites en frãçois et augmentées par Antoine Du Verdier. *Tournon, Michel*, 1603, pet. in-4, titre gr. fig. sur bois, vél.

Exemplaire court de marges.

341. Lettres à Emilie sur la mythologie, par C.-A. Demoustier. *Paris, Renouard*, 1809, 6 parties en 2 vol. in-8, fig. de Moreau, cart. perc. bleue.

342. Les Grâces (par du Querlon). *Paris, Prault*, 1769, gr. in-8, front. de Boucher, titre, fig. et culs-de-lampes de Moreau, v. ant. éc. fil. tr. marb.

343. Le Monastère de Jouarre, son histoire jusqu'à la Révolution, par H. Thiercelin. *Paris. Aubry*, 1861, gr. in-16, demi-rel. chag. vert, tête dor. ébarbé.

344. Notre-Dame de Lourdes, par Henri Lasserre. Edition illustrée d'encadrements variés à chaque page et de chromolithographies. *Paris, Palmé*, 1877, gr. in-8, fig. cart. perc. brun, fers spéciaux tr. dor.

345. Les Crimes des papes, depuis S. Pierre jusqu'à Pie VI; par L. Lavicomterie, député de Paris à la Convention Nationale. *Paris, au Bureau des révolutions de Paris*, 1792, in-8, fig. bas.

346. Annali de Frati Minori cappuccini, composti dal M. R. P. Zaccaria Boverio da Saluzza, e tradotti in volgare dal Padre F. Benedetto Sanbene-

detti. *In Venetia, appresso i Gunti*, 1643, 2 tomes en 4 vol. in-4, titre gr. fig. vél.

Mouillures.

347. L'Alcoran des cordeliers, tant en latin qu'en français... composé par frère Barthelemi de Pise (traduit par Conrad Badius), édition ornée de figures dessinées par B. Picart. *Amsterdam, aux dépens de la compagnie*, 1734, 2 vol. in-12, fig. v. ant. marb.

Livre recherché pour son texte satirique et ses figures singulières.

II. HISTOIRE DE FRANCE

348. Aimoini monachi historiæ francorum lib. V. *Parisiis, apud Andream Wechelum*, 1567, in-8, vél. fil. tr. dor. chiffre sur les plats.

Mouillures.

349. Sommaire de l'histoire des François, recueilly des plus certains aucteurs de l'ancienneté, et digeré selon le vray ordre des temps en quatre livres, extraits de la Bibliothèque historiale de Nicolas Vignier, avec un traicté de l'origine, estat et demeure des François. *Paris, Nivelle*, 1579, in-fol. vél.

La marge inférieure du titre a été rongée et raccommodée; mouillures.

350. Nouvel Abrégé chronologique de l'histoire de France contenant les événements de notre histoire depuis Clovis jusqu'à la mort de Louis XIV, (par Hénault). *Paris, Prault*, 1768, 2 vol. in-4, culs-de-lampe de Moreau, v. ant. marb.

351. Histoire de France jusqu'à la Révolution de 1789, par Anquetil et jusqu'en 1840 par Ch. Marchal. *Paris, Cajani*, 1844-1847, 4 vol. gr. in-8, portr. pl. gr. demi-rel. bas.

352. Traité de la majorité de nos rois et des Régences du royaume (par M. Dupuy). *Amsterdam, Jansens*, 1722, 2 vol. in-8, mar. citron, tr. dor. (*Rel. anc. fatiguée.*)

Aux armes de Madame Sophie de France, fille de Louis XV.

353. Dictionnaire des fiefs, seigneuries, chatellenies, etc. de l'ancienne France, par H. de Genouillac. *Paris, Dentu*, 1862, in-8 à 2 col. demi-rel. mar. noir.

354. Histoire de l'école spéciale militaire de Saint-Cyr, cinquante-deux compositions hors texte de P. Jazet. *Paris, Delagrave*, 1886, gr. in-8, fig. br.

355. Histoire des Ducs de Bourgogne de la maison des Valois 1364-1477, par M. de Barante. *Paris, Delloy*, 1839, 12 vol. in-18, portr. fig. et cartes, demi-rel. bas. f.

356. Histoire de Saint-Louis par Jehan sire de Joinville. Les annales de son règne par Guillaume de Nangis. Sa vie et ses miracles par le confesseur de la reine Marguerite. Le tout publié d'après les manuscrits de la Bibliothèque du Roi (par J. Capperonnier) et accompagné d'un glossaire (par Anicet Mélot). *Paris, Imprimerie royale*, 1761, in-fol. cart.

357. Les Mémoires du messire Philippe de Comines, seigneur d'Argenton, contenans l'histoire des Roys Louis XI et Charles VIII depuis l'an 1464 jusques en 1498, par Denys Godefroy. *Paris, Imprimerie royale*, 1649, in-fol. tableaux, v. ant. marb.

Reliure fatiguée; mouillures.

358. Paul Lacroix. Louis XII et Anne de Bretagne, chronique de l'histoire de France : ouvrage illustré de 14 chromolithographies 15 grandes gravures, hors texte et d'environ 200 dessins dans le texte d'après les originaux et l'époque. *Paris, Hurtrel*, 1882, in-4, fig. demi-rel. chag. r. plats toile fers spéciaux, tr. dor.

359. Histoire du règne de Henri IV, par M. D. Poirson. *Paris, Colas*, 1856, 3 vol. in-8, demi-rel. chag. violet.

360. L'Education de Henri IV, par M. D*** (l'abbé Duflos), Béarnais, orné de six figures dessinées par Marillier et gravées par Duflos le jeune. *Paris, Duflos*, 1790, 2 vol. pet. in-8, titres et fig. gr. v. f.

361. Recueil de Maximes véritables et importantes pour l'institution du roy, contre la fausse et pernicieuse politique du Cardinal Mazarin, prétendu surintendant de l'éducation de Sa Majesté (par M. C. Joly). *Paris*, 1663, in-12, mar. vert, tr. dor. (*Bradel.*)

362. Chroniques de l'Œil de Bœuf des petits appartements de la Cour et des salons de Paris, sous Louis XIV, la Régence, Louis XV et Louis XVI ; par la Comtesse douairière de B***, recueillies, mises en ordre et publiées par G. Touchard-Lafosse, *Paris, Barba*, 1845, 4 vol. in-12, demi-rel. bas. bleue.

363. Capefigue : Diane de Poitiers. — Mademoiselle de La Vallière et les favorites des âges de Louis XIV. — *Paris, Amyot*, 1840-1859. — Ens. 2 vol. demi-rel. v. f.

364. Vie privée du Cardinal Dubois, archevêque de Cambrai, premier ministre du Régent. *Londres, s. d.* 3 part. en 1 vol. pet. in-12, portr. et fig. demi-in-12, rel. mar. La Val' tête dor. ébarbé.

Taches et mouillures.

365. Vie privée de Louis XV; ou principaux événements, particularités et anecdotes de son règne (par Moufle d'Angerville). *Londres, Lyton*, 1781, 4 vol. in-12, portr. demi-rel. v. marb.

Exemplaires aux armes de M. de CHALANDRAY rapportées sur le 1er plat des volumes

366. Les amours de Zeokinizul (Louis XV) roi des Kofirans (roi de France) ; ouvrage traduit de l'Arabe du voyageur Krinelbol (Crébillon). *Amsterdam, aux dépens de Michel*, 1747, in-16, bas.

Satire violente.

367. Affaire du Collier. Mémoires inédits du comte de Lamotte-Valois sur sa vie et son époque (1754-1830), publiés d'après le manuscrit autographe par Louis Lacour. *Paris, Poulet-Malassis*, 1858, pet. in-8, demi-rel. chag. vert.

368. Almanach royal, année 1762. *Paris, Le Breton*, 1762, in-8, mar. r. large dent. tr. dor. (*Rel. anc. fatiguée.*)

Armoiries sur les plats.

369. Les Cahiers du capitaine Coignet (1776-1850), publiés par Loredan Larchey, illustrés par G. Le Blant. *Paris, Hachette*, 1888, gr. in-8, fig. pl. demi-rel. mar. r. avec coins, dos orné, tête dor. ébarbé.

370. Etat militaire de France pour l'année 1786, par M. de Roussel. *Paris, Onfroy*, 1786, pet. in-12, mar. r. dos orné, fil. tr. dor. (*Rel. anc. avec armoiries sur les plats.*)

371. Le Diable dans un bénitier, et la Métamorphose du Gazetier cuirassé en mouche... revu, corrigé et augmenté par M. l'abbé Aubert et M. Pierre Le Roux. *Paris, Imprimerie Royale, s. d.* in-8, br.

Cassure au dernier feuillet.

372. Procès de Marie-Antoinette d'Autriche, ci-devant reine de France. *Paris*, 1796, in-8, de 88 pp. cart.

Portrait et fac-similé ajoutés. Le titre est remmargé. Mouillures.

373. La Vraie Marie-Antoinette, étude historique, politique et morale, par M. de Lescure. *Paris, Dupray de la Mahérie*, 1863, in-8, portr. demi-rel. bas. verte.

374. Etrennes à la vérité, ou almanach des aristocrates, pour la présente année, seconde de la liberté, 1790. *Spa, s. d.* (1790), in-8, de 80 pp. fig. demi-rel. chag. r.

375. Almanach des prisons ou anecdotes sur le régime intérieur de la Conciergerie, du Luxembourg, etc. et sur différens prisonniers qui ont habité ces maisons sous la tyrannie de Robespierre, avec les chansons, couplets qui y ont été faits (par Cousin). *Paris, Michel, An III* (1795), in-18, front. v. ant. gran. tr. dor.

A la suite se trouve relié : *Les Souvenirs d'un jeune prisonnier*, ou Mémoires sur les prisons de La Force et Duplessis pour servir à l'histoire de la Révolution. *Paris*, an III, in-18.

376. Mémoires du comte Horace de Viel-Castel sur le règne de Napoléon III. *Paris*, 1883-1884, in-12, papier de Hollande, br.

377. Au Mexique, 1862. Combats et retraite des Six Mille, par le prince Georges Bibesco. Dessins de P. Jazet. *Paris, Plon*, 1887, in-8, fig. cart. non rog. couverture.

---

378. Ouvrages sur Paris, 1853-1890. — Ens. 12 vol. rel. et br.

Regain, La Vie parisienne. — P. Lacroix, Paris ridicule et burlesque. — G. Pelin, les Laideurs du Beau Paris. — A. Scholl, Scènes et mensonges parisiens. — De Lasalle et Thoinan, La Musique à Paris. — V. Fournel, Les Spectacles populaires et les artistes des rues. — Heuzey, Curiosités de la Cité de Paris. — C. James. Toilette d'une romaine, — E. Texier, Paris capitale du Monde. — Ch. Virmaître. Les Curiosités de Paris. — E. Gourdon, le Bois de Boulogne. — G. Macé. Mon Musée criminel.

379. Boitard : Paris avant les hommes. — Curiosités d'histoire naturelle et astronomie amusante. — Les Mille et Une singularités des mœurs et coutumes des peuples sauvages. — *Paris, Passard*, 1861-1865. — Ens. 3 vol. in-8, fig. demi-rel. chag. brun.

380. Paris et la Province à cheval; texte et dessins, par Crafty. *Paris, Plon*, 1884-1885, 2 vol. gr. in-8, fig. br.

381. Histoire des ducs de Normandie jusqu'à la conquête de l'Angleterre, par A. Labutte. Préface par Henri Martin. *Paris, Thézard*, 1855, in-8, demi-rel. chag. brun.

382. Histoire de la ville de Toulouse depuis sa fondation jusqu'à nos jours, publiée sous la direction de M. J. M. Cayla et Perrin-Paviot; ornée de douze gravures en taille-douce. *Toulouse, Bon*, 1839, in-8, fig. demi-rel. chag. vert.

Mouillures.

III. HISTOIRE DE PLUSIEURS PAYS ÉTRANGERS

383. Matériaux pour servir à l'histoire de Marguerite d'Autriche, duchesse de Savoie, régente des Pays-Bas, par le comte E. de Quinsonas. *Paris, Delaroque*, 1860, 3 vol. in-8, portr. en couleur, fig. pl. pliées, fac-similés, demi-rel. mar. brun, tête r. ébarbé.

384. Histoire d'Italie depuis les origines jusqu'à nos jours, par le comte César Balbo, traduite sur le texte par Jules Amigues. *Paris, Bourdilliat*, 1860, 2 vol. in-12, demi-rel. chag. grenat.

385. Histoire des Révolutions de l'île de Corse et de l'élévation de Théodore Ier sur le trône de cet Etat (par Cerse). *La Haye, Paupie*, 1728, in-12, cart. non rog.

386. Cronica générale d'Hispagna, et del regno di Valenza. Composta dall' excellente M. Anton Beuter. *In Vinegia, appresso Gabriel Giolito de Ferrari*, 1556, in-8, v. brun ant. fil.

Exemplaire aux armes de DE THOU baron de MESLAY.

387 Études sur l'Espagne, par Antoine de Latour. *Paris, Michel Lévy*, 1855-1864, 4 vol. in-12, demi-rel. chag. vert.

Séville et l'Andalousie, 2 vol. — La baie de Cadix, 1 vol. — L'Espagne contemporaine, 1 vol.

388. Histoire d'Angleterre, par Olivier Goldsmith, continuée jusqu'en 1815 par Ch. Coote et jusqu'à nos jours par Mme Alexandre Aragon, avec notes d'après Thierry de Barante, de Norvins et Thiers. *Paris, Houdaille*, 1837, 4 vol. in-8, portr. demi-rel. bas. verte.

389. Louis Schneider. L'Empereur Guillaume. Souvenirs intimes revus et annotés par l'empereur sur le manuscrit original; traduit de l'allemand par Ch. Rabany. *Paris, Berger-Levrault*, 1888, 3 vol. in-8, br.

390. Comte Paul Vasili. La Société de Berlin augmenté de lettres inédites. *Paris, Nouvelle Revue*, 1884, in-8, demi-rel. chag. brun.

391. Anecdotes de la bienfaisance ou annales du règne de Marie-Thérèse par M. Fromageot. *Paris, Nyon*, 1777, in-8, portr. fig. de Moreau, demi-rel. v. marb.

Taches.

392. Histoire du roi Jean Sobieski et du royaume de Pologne, par N.-A. de Salvandy. *Paris, Didier*, 1855, 2 vol. in-12, demi-rel. chag. r.

393. Traditions de Palestine, par Miss Hariett Martineau ; traduction de Mme Amable Tastu. *Paris, Curmer, s. d.* pet. in-8, fig. chag. noir, comp. tr. dor.

394. La Vie de Mahomet, où l'on découvre amplement la vérité de l'imposture par Prideaux, enrichie de figures en taille-douce. *Amsterdam, Gallet*, 1699, in-12, fig. mar. r. à long grain, dent. doublé de tabis bleu avec dent. tr. dor.

Très bel exemplaire provenant de la bibliothèque de M. RENOUARD.

395. Faits mémorables des empereurs de la Chine, tirés des annales chinoises, orné de 24 estampes gravées par Helman. *Paris*, 1788, in-4, texte et fig. gr. non rel

IV. CHEVALERIE ET NOBLESSE. — ARCHÉOLOGIE.

396. La Chevalerie, par Léon Gautier. *Paris, Palmé*, 1884, gr. in-8, front. fig. pl. demi-rel. chag. r. plats toile, fers spéciaux, tr. dor.

397. Traité des Tournois, joustes, carrousels et autres spectacles publics (par Claude-François Menestrier). *Lyon, Mayer*, 1674, in-4, fig. v. ant. gran.

Mouillures et piqûres de vers.

398. Les Pas d'armes de la bergère, maintenu au tournoi de Tarascon; publié d'après le manuscrit de la Bibliothèque du Roi. *Paris, Crapelet*, 1828, gr. in-8, papier vélin, fig. en couleur, fac-similés, demi-rel. cuir de Russie, non rog.

Mouillures.

399. Dictionnaire encyclopédique des ordres de chevalerie civils et militaires créés chez les différents peuples depuis les temps les plus reculés jusqu'à nos jours, par W. Maigne. *Paris, Delahays*, 1861, in-12, tableau des rubans en couleur, demi-rel. chag. brun.

400. L'Ordre de Malte, ses grands-maitres et ses chevaliers, par M. de Saint-Allais. *Paris, Delaunay*, 1839, in-8, fig. de basons, demi-rel. v. f.

401. Traité de la noblesse, de ses différentes espèces, de son origine, par Gilles André de La Roque. *Paris, Michallet*, 1678, in-4, mar. vert, dos orné, fil. tr. dor. (*Rel. anc.*)

402. Code de la Noblesse française ou précis de la législation sur les titres épithètes, noms, etc. par le Comte P. de Sémainville. *Paris*, 1860, in-8, demi-rel. chag. vert.

403. Traité singulier du Blason contenant les règles des armoiries des armes de France et de leur blason, par Messire André de La Roque. *Paris, Journel*, 1681, in-12, demi-rel. bas.

Exemplaire fatigué.

404. Nouvelle Méthode raisonnée du blason, ou l'art héraldique du P. Menestrier, mise dans un meilleur ordre, et augmentée de toutes les connoissances relatives à cette science, par M. L*** (Pierre-Camille Lemoine). *Lyon, Bruyset-Ponthus*, 1770, in-8, fig. de blasons, v. ant. marb.

405. Nouveau Traité historique et archéologique de la vraie et parfaite science des armoiries, par de Magny. *Paris, Aubry*, 1856, 2 vol. in-4, fig. et pl. de blasons coloriées, demi rel. chag. La Vall. avec coins, tr. dor.

406. La Science du Blason accompagnée d'un armorial général des familles nobles de l'Europe, publiée par M. le vicomte de Magny. *Paris, Aubry*, *s. d.* (1860), in-8 à 2 col. fig. de blasons, demi-rel. mar. La Vall. non rog.

407. Dictionnaire héraldique, suivi des ordres de Chevalerie dans le Royaume et de l'ordre de Malte, par M. G. d. L. T***, (Denis-Fr. Gastelier de La Tour). *Paris, Humblot*, 1777, in-8, fig. de blasons, v. rac.

408. Corona della Nobilta d'Italia overo compendio dell'istorie delle famiglie illustri di Gio Pietro de'Crescenzi romani. *In Bologna, per Nicolo Tebaldini*, 1639-1642, 2 vol. in-4, titre gr. vél.

Mouillures.

409. Histoire des inaugurations des rois, empereurs et autres souverains de l'univers, par M*** (dom Ch.-Joseph Bévy). *Paris, Moutard*, 1776, in-8, pl. gr. br.

410. Sũmaire ou ‖ epitome du livre de Asse fait par le com ‖ mandemẽt du roy par maistre Guil ‖ laume Bude cōseillier dudit seigñe ‖ et maistre des requestes ordinai ‖ res de son hostel par ledit Bu ‖ de reveu et additionne ‖ oultre les precedentes impressions, mil ‖ cinq cens tren ‖ tehuyt. *On les vend à Paris en la grant salle du Palays au premier pillier, par Arnoul et les Angelliers frères*, (1538), pet. in-8 goth. 4 ff. prél. pour le titre et la table et 64 ff. non ch. v. brun ant.

411. Recherches sur la préparation que les Romains donnoient à la chaux, par M. de La Faye. *Paris, Imprimerie Royale*, 1777, in-8, v. f. ant. tr. dor.

Exemplaire aux armes de la DUCHESSE DE MAILLY.

V. BIOGRAPHIE. — BIBLIOGRAPHIE. — MÉLANGES. JOURNAUX.

412. Les Contemporains, par E. de Mirecourt. *Paris, Havard*, 1854-1859, 100 biographies en 25 vol. in-18, portr. fac-similés demi-rel. chag. r.

413. Portraits contemporains, par Hippolyte Castille. *Paris, Sartorius*, 1856-1861, 68 biographies en 20 vol. in-18, portr. demi-rel. chag. violet.

414. Essai historique sur les Adhémar et sur Mme de Sévigné, suivi de notes et de pièces justificatives par l'abbé Nadal. *Valence, Marc-Aurel*, 1858, in-8, demi-rel. v. gris.

415. Sept générations d'exécuteurs, 1688-1847. Mémoires des Sanson, mis en ordre, rédigés et publiés par H. Sanson. *Paris, Dupray*, 1862, 6 vol. in-8, demi-rel. chag. violet.

416. Supplément aux Mémoires de Vidocq, ou dernières révélations sans réticence, par le rédacteur des 2e, 3e et 4e volumes des Mémoires. *Paris*, 1831, 2 vol. in-8, demi-rel. chag. noir.

417. Mémoires de Marie Cappelle veuve Lafarge, écrits par elle-même. *Paris, René*, 1842-1843, 4 tomes en 2 vol. in-8, demi-rel. bas.

Mouillures.

418. Sophie Arnould d'après sa correspondance et ses Mémoires inédits, par MM. Edmond et Jules de Goncourt. *Paris, Poulet-Malassis*, 1859, pet. in-8, demi-rel. chag. vert.

419. Le Comte Gaston de Raousset-Boulbon, sa vie et ses aventures d'après ses papiers et sa correspondance, par Henry de La Madelène. *Paris, Poulet-Malassis*, 1859, pet. in-8, demi-rel. chag. vert,

420. Mes Prisons, par Silvio Pellico; traduction par le comte H. de Messey. Edition illustrée d'après les dessins de MM. Gérard-Séguin, d'Aubigny, Steinheil, etc. *Paris, Delloye*, 1844, gr. in-8, fig. cart. perc. brune, comp. dor. tr. dor.

---

421. Bibliographie. Mélanges, 1878-1883. — Ens. 4 vol. in-12 et in-16, rel. et br.

Connaissances nécessaires à un bibliophile, par Paul Lacroix. — Les amateurs de vieux livres, par le même. — Caprices d'un bibliophile, par Octave Uzanne. — L'Art de former une bibliothèque, par Jules Richard.

422. Manuel de l'amateur d'illustrations, gravures et portraits pour l'ornement des livres français et étrangers, par M. J. Sieurin. *Paris, Labitte*, 1875, in-8, br.

423. Recherches sur Jean Grolier, sur sa vie et sa bibliothèque, suivies du catalogue des livres qui lui ont appartenu, par M. Le Roux de Lincy. *Paris, Potier*, 1866, in-8, br.

424. Théâtre du Monde, par M. Richer, orné de très belles gravures d'après les dessins de MM. Moreau le jeune et Marillier. *Paris, Defer de Maisonneuve*, 1788, 4 vol. in-8, bas. éc. dent.

425. Personnages énigmatiques, histoires mystérieuses, événements peu ou mal connus par F. Bulau; traduit de l'allemand par W. Duckett. *Paris, Poulet-Malassis*, 1861, 3 vol. in-12, demi-rel. chag. r.

426. Inventaire général de l'histoire des larrons, par F. D. C. (François de Calvi) Lyonnois. *S. l.* 1666, 3 parties en 1 vol. in-8, v. f. ant. fil.

Exemplaire aux armes de la COMTESSE DE VERRUE.

427. Les Intrigues du cabinet des Rats, apologue national destiné à l'instruction de la jeunesse et à l'amusement des vieillards; ouvrage traduit de l'allemand. *Paris, Le Roi*, 1788, in-8, fig. demi-rel. chag. bleu.

428. Le Magasin Pittoresque. *Paris*, 1833-1886, 54 vol. in-4, à 2 col. fig. demi-rel. bas. f. et bleue.

Manque le tome XLVII, année 1881.

429. La Lanterne, par Henri Rochefort, 10 vol. in-18, demi-rel. v. r.

Les 77 premiers numéros du 31 mai au 20 novembre 1869.

430. Le Père Duchêne, par E. Vermersch et A. Humbert. *S. l. n. d.* (*Paris*, 1871, in-8), cart.

Journal paru sous la Commune de Paris en 1871 et composé de 68 numéros.

431. La Revue illustrée. *Paris, Baschet*, 1885-1888. 5 vol. in-4, fig. pl. coloriées, cart. perc. non rog.

Tomes I à V.

432. Figaro illustré. *Paris, Boussod-Valadon*, 1890-1891, 13 livraisons in-fol. br. couvertures illustrées, fig. noires et coloriées.

Avril 1890 à mai 1891.

TABLE DES DIVISIONS

N° 704.

Paris. — Typ. G. Chamerot et Renouard, 19, rue des Saints-Pères. — 28399.

www.ingramcontent.com/pod-product-compliance
Ingram Content Group UK Ltd.
Pitfield, Milton Keynes, MK11 3LW, UK
UKHW022147170726
13837UKWH00004B/1826

9 782329 485393